Dieter Mueller-Harju / Hajo Noll

BERUF UND LEBENSSINN IN EINKLANG BRINGEN

ZWEI WEGE ZUM UMDENKEN

INHALT

Dieter Mueller-Harju / Hajo Noll

Beruf und Lebens-
sinn in Einklang
bringen

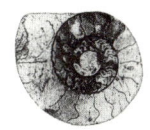

Zwei Wege zum
Umdenken

Kösel

Dieses Buch ist nach den ab dem 1. August 1998 geltenden neuen Regeln der Rechtschreibreform gesetzt.

ISBN 3-466-30430-X
© 1997 by Kösel-Verlag GmbH & Co., München
Printed in Germany. Alle Rechte vorbehalten
Druck und Bindung: Kösel, Kempten
Umschlag: Kaselow Design, München
Umschlagmotiv: Laura Tedeschi, The Stock Illustration Source, Paris

1 2 3 4 5 · 01 00 99 98 97

*Gedruckt auf umweltfreundlich hergestelltem Werkdruckpapier
(säurefrei und chlorfrei gebleicht)*

Ihr innerer Weg(weiser) für neue Berufs- und Lebensperspektiven

von Hajo Noll

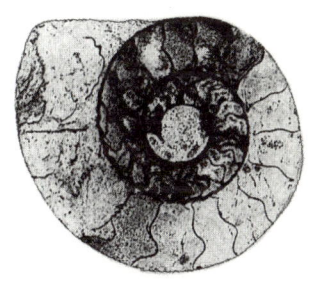

Hinweis zum Umgang mit diesem Buch:

Beachten Sie bitte den speziellen Aufbau dieses Buches. Es kann sowohl von vorne als auch von hinten gelesen werden, ohne dass dabei der jeweils andere Teil Voraussetzung wäre. Sie können also beginnen, wo Sie möchten.

VORBEMERKUNG

Ein Lebensthema – zwei Erkenntniswege

Was ist meine Lebensaufgabe, meine Berufung? Wie kann ich meinen Beruf, meine menschlichen Beziehungen – insbesondere in der Familie – in Einklang bringen mit meiner inneren Entwicklung, meiner körperlichen Gesundheit und der Natur? Wie kann ich berufliche Krisen als Chancen nutzen auf dem Weg zur eigenen Berufung oder Lebensaufgabe? Wie bringe ich mein Seelenleben in Einklang mit dem Leben in der Welt, bzw. wie bleibe ich mir selbst treu? Diese Fragen haben mich in den letzten 20 Jahren begleitet. Die Erkenntnisse, Erlebnisse und Erfahrungen in dieser Zeit habe ich zusammengefasst und möchte sie an diejenigen weitergeben, die durch gleiche oder ähnliche Fragen bewegt werden.

Den Co-Autor dieses Buches, Herrn Dr. Dieter Mueller-Harju, bewegte dieses Lebensthema ebenso. Wie er seine Erkenntnisse gewonnen hat, stellt er von der anderen Seite des Buches selbst dar.

Hajo Noll
Limburg, im Oktober 1996

EINLEITUNG

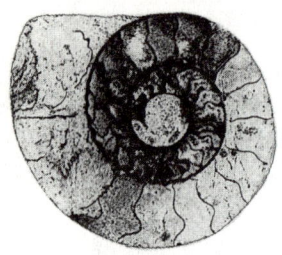

EIN AMMONIT ALS SYMBOL
FÜR DAS HÖREN
NACH INNEN.

Danksagung und Widmung

Mein Dank gilt allen, die mich geführt, begleitet, herausgefordert, verstanden und geliebt haben, die ein Stück des Weges mit mir gegangen sind oder noch gehen.
Bei der Entstehung, Vorbereitung und Fertigstellung des Buches haben viele einen Beitrag geleistet. Dafür möchte ich mich insbesondere bedanken bei meinen Eltern und bei meiner Familie, bei Freunden, bei Doris Evelbauer, Herma Frei-Klenner, Dr. Michael Frensch, Eva Hagenmueller, Agnes Hidveghy, Hans Leewens, Bruno Martin, Karina Martinelli, Erich W. Peterhoff, Renate Schnedler, Josef-Manfred Schöberl, Hellmuth J. ten Siethoff, Waltraud Uta Thömmes, Roswitha Zawadzki, Dr. Peter Zürn; Andrea Schubert, die das fertige Manuskript noch einmal überarbeitet hat;

den Damen und Herren von Gut Obermühle und der Studiengruppe in Wiesbaden; Dr. H. Dieter Mueller-Harju, dem Co-Autor für die Anregung, die zum Entstehen des Buches führte; der Lektorin Dagmar Olzog, die mir durch Fragen aus der Sicht der Leserschaft neue Impulse gegeben hat und die durch geduldiges Hinhören und Vertrauen »die Geburt des Buches« ermöglichte. Den Inhalt meines Beitrages verdanke ich vielen Frauen und Männern der Vergangenheit und Gegenwart, die mich inspiriert haben; den Engeln der Liebe, der Weisheit und der schöpferischen Arbeit sowie den Kräften der Einfachheit, Klarheit und Stille.

Meinen Beitrag widme ich Ihnen, die Sie auf der Suche nach Ihrer Berufung oder Lebensaufgabe, nach heilsamen Beziehungen und dem(den) inneren Wegweiser(n) sind. Ich wünsche Ihnen, dass Sie Erfüllung in Ihrem Ziel finden.

Worum es geht: Meine Berufung und Lebensaufgabe finden und umsetzen

Die beiden wichtigsten Fragen, die mich in den letzten Jahren beschäftigt haben, waren: »*Was ist meine Berufung oder Lebensaufgabe?*« und »*Wie können Beruf und menschliche Beziehungen in Einklang kommen mit meiner inneren Entwicklung, meiner körperlichen Gesundheit und der Natur?*«

Eine Antwort auf diese beiden Fragen liegt in der Kunst, aufkommende Krisen als Chance für einen Schritt in Richtung auf die Berufung oder Lebensaufgabe zu verwandeln. Mit der Zeit lernte ich, dass Unsicherheit und Angst, die in Phasen der Neuorientierung aufkommen, natürliche Begleiterscheinungen sind. Das Beste, was ich in schwierigen Situationen tun kann, ist ausruhen, neue Kräfte sammeln, mich vorbereiten auf den nächsten Schritt und dann aus einer inneren Stille heraus und mit Überzeugung und Klarheit den *nahe liegenden* nächsten Schritt zu tun.

Wenn Sie solche Erfahrungen machen, werden Sie erleben, wie mit der Zeit mehr und mehr Vertrauen in Ihre Fähigkeit erwächst, sich im Beruf und im Leben immer wieder neu zu orientieren. Um die Entwicklung dieser Fähigkeit oder inneren Selbständigkeit und des damit verbundenen Selbstvertrauens geht es auf den folgenden Seiten.

In der Einleitung möchte ich anhand meines eigenen Weges zeigen, wie sich der Beginn meines inneren Entwicklungsweges auf den weiteren Berufs- und Lebensweg ausgewirkt hat. Aus heutiger Sicht habe ich in den letzten 25 Jahren drei Phasen durchlebt:

1. Gründung einer Familie sowie Aufbau eines beruflichen Standbeines.
2. Entwicklung innerer Fundamente durch die Verinnerlichung von Philosophie und religiösen Traditionen sowie die Suche nach der eigenen Lebensaufgabe oder Berufung.
3. Suche und Beginn der Umsetzung einer Synthese von Beruf(ung) und Beziehungen mit der inneren Entwicklung, dem Körper und der Natur.

Die nebenstehende Darstellung gibt Ihnen eine Übersicht meines Berufs- und Lebensweges in den Jahren 1971 bis 1996:

Meine berufliche Entwicklung: Beruf als Berufung
Im Alter von etwa 27 bis 35 Jahren habe ich eine erfolgreiche berufliche Laufbahn erlebt, in der mir die Tätigkeiten und Herausforderungen sehr viel Freude gemacht haben. Ich arbeitete in einem Unternehmen, das über Jahre hinweg weltweit ein außerordentliches Wachstum erlebte. Für Mitarbeiter, Vorgesetzte, Kunden und für mich war diese expansive Entwicklung eine euphorische Zeit – wir waren voller Pioniergeist.

Mit 32 Jahren stellte ich zum ersten Mal die Absolutheit meines Berufes in Frage. Nach dem Wachstum der vergangenen Jahre

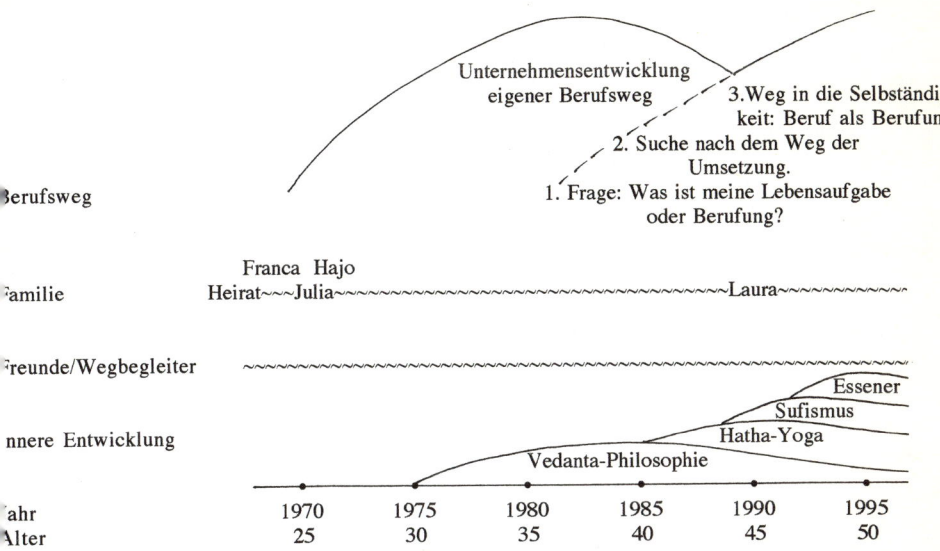

Schematische Darstellung des
Berufs- und Lebensweges von Hajo Noll

begann in dem Unternehmen eine anhaltende Reorganisation mit erheblichem Personalabbau sowie der Veräußerung von Unternehmensteilen. Meine eigenen Fragen nach dem Sinn des Lebens verlangten eine neue Orientierung. Je intensiver ich mich in dieser Zeit mit meinem inneren Entwicklungsweg auseinandersetzte, desto weniger konnte ich eine Verbindung zwischen dem, was sich mir als Berufung darzustellen begann und den äußeren Realitäten herstellen. Wie ich im Nachhinein feststelle, half mir der bewusste Seelenweg einen Zugang zu den universellen Kräften in mir zu entdecken und darauf ein inneres Fundament aufzubauen. Dadurch wurde ich weniger abhängig von der beruflichen Entwicklung. Im Inneren entstand ein Bild davon, was sich für mich als Lebensaufgabe darstellte: *Berufungs- und Lebensberatung.*

13

Nachdem dieses Bild, diese Vision entstanden war, ergab sich für mich zunächst keine Möglichkeit der Umsetzung. Was sich ergab, war ein neuer Tätigkeitsbereich zunächst in Richtung Computer unterstützte Ausbildung und später in der Personalarbeit. Beides berufliche Schritte, die mir nicht nur einen Übergang bei der Neuorientierung ermöglichten, sondern mir auch Kenntnisse und Fähigkeiten für die heutige Beratertätigkeit vermittelten.

Die familiäre Situation mit drei Kindern und der damit verbundenen Verantwortung machten mir den Wechsel nicht leicht. Dazu kam meine innere Frustration, die aus dem Spannungsfeld von Ideal und Wirklichkeit entstanden war. Sie wurde erst aufgelöst, als mir ein Freund empfahl, mein Ziel weiter zu verfolgen und die Zwischenzeit als Vorbereitung zu nutzen. Damit bekam auch die Tätigkeit in einer scheinbar unmöglichen Situation wieder einen Sinn für mich.

Zunächst jedoch begannen sich ab etwa 1980 die Folgen einer über 15 Jahre anhaltenden Periode mit großen Veränderungen, Restrukturierungen, Veräußerung von Unternehmensteilen und permanentem Personalabbau auszuwirken. Das Betriebsklima war nach außen durch Optimismus und nach innen durch Resignation und Angst vor einem ungewollten internen Arbeitsplatzwechsel oder dem Verlust des Arbeitsplatzes gekennzeichnet. Die ursprüngliche Begeisterung und Motivation vieler Mitarbeiter nahm immer mehr ab und die Belegschaft versuchte, bei jedem sich bietenden Lichtblick Hoffnung zu schöpfen. Solche Lichtblicke waren entweder erfolgreiche Veräußerungen von Unternehmensbereichen, die eine Überlebenschance für den Rest des Unternehmens möglich erscheinen ließen, aussichtsreiche neue Produkte und Dienstleistungen oder Mitarbeiter, die für sich selbst neue Berufsperspektiven gefunden hatten. Im Unternehmen schien es kaum jemand bewusst zu sein, welche Bedeutung diese Unsicherheit auf viele Mitarbeiter hatte und wie man damit umgehen konnte. Das frühere offene Verhältnis und Miteinander ging schrittweise verloren. Auf der anderen Seite bildeten sich über gute persönliche Beziehungen informelle Gruppen von Führungskräften und Mitarbeitern, die einen Austausch über die Risiken, Chancen und Vorgehensweisen anstrebten.

Meine persönliche Betroffenheit in dieser Zeit war am ehesten mit der Frage nach der Erhaltung des Selbstwertgefühles verbunden. In wie weit kann ich die Situation und einen möglichen Verlust des Arbeitsplatzes meiner Familie und meinen Freunden erklären? Nach außen hin war ja lediglich bekannt, dass eine solide Berufs- und Unternehmensentwicklung stattgefunden hatte. Der persönliche Wunsch nach Veränderung aus einer scheinbar gesicherten Position heraus war für andere kaum nachvollziehbar. Er war auch für mich persönlich noch nicht nachvollziehbar, da ich noch keinen Weg gefunden hatte, meinen Berufungswunsch in die Praxis um- zusetzen, zu finanzieren und davon zu leben. Wie kann ich selbst, der ich ja auf der Suche nach neuen Berufs- und Lebensperspektiven bin, diese Zeit und Situation nutzen?

Veränderungen in der Personalstruktur, den Tätigkeitsfeldern ein- zelner Mitarbeiter und der Personalabbau im Unternehmen nah- men unterschiedliche Formen an. Wesentlich hierbei war der Unterschied zwischen gewollten und ungewollten Veränderungen, die Art und Weise, wie ungewollte Veränderungen umgesetzt wurden und wie die Mitarbeiter dies für sich umsetzen konnten. Zur Zeit des starken Personalabbaus begegnete mir eine neue Form der Beratung für Führungskräfte aus den USA: *Outplacement*. Ein Unternehmen, welches sich von einer Führungskraft trennen will oder muss, stellt dieser Führungskraft einen Berater zur Verfügung, der die Führungskraft bei der beruflichen Neuorientierung so lange unterstützt, bis sie eine neue Aufgabe gefunden hat. Für mich stellte diese Form der Beratung ein erstes praktisches Betätigungs- feld für meine spätere berufliche Selbständigkeit dar. Wesentlich ist an dieser Stelle noch die Bedeutung zu erwähnen, die Wegbe- gleiter auf dem inneren Entwicklungsweg für mich im Laufe der

Zeit bekommen haben. Diese Menschen, mit denen ich mich verbunden fühle und von denen ich mich verstanden weiß, haben mich auf meinem Weg sehr unterstützt. Sie sind für mich zu einer *Weg-Gemeinschaft* von Begleitern zusammengewachsen, die an unterschiedlichen Orten wohnen, aber im Herzen miteinander vereint sind. Den Weg vom Beruf zur Berufung gehe ich nun seit 21 Jahren. Es ist ein langer, nicht immer einfacher, aber auch beglückender Weg. Es ist eine Entdeckungsreise in ein »unbekanntes Land«. Dem inneren Ruf folgend lerne ich immer wieder Teile meiner eigenen Vorstellungen von einem Ziel, welches mir vorschwebt, aufzugeben und mich an den jeweiligen Erfordernissen der Zeit, der Umstände und an den inneren Intuitionen neu zu orientieren. Letztendlich erscheint es so, als folge ich dem Ruf zunächst eine Zeit lang. Wenn ich ihm vertrauen lerne und durchhalte, dann führt mich der Ruf geradewegs zum Ziel.

Die Schritte auf meinem inneren Entwicklungsweg und die Suche nach einer Synthese von innerem Seelenweg und Umsetzung im Berufs- und Lebensalltag beschreibe ich ausführlicher im Kapitel *Innere Kräfte entwickeln für Beruf und Beziehungen.*

Da Ihr Seelenleben und Ihr Leben in der Welt untrennbar miteinander verbunden sind, sind sie in Wirklichkeit eins. Sie manifestieren sich jedoch auf unterschiedliche Weise. In Zeiten rasanter gesellschaftlicher und wirtschaftlicher Veränderungen kann es vorkommen, dass Sie sich mehr an Äußerlichkeiten orientieren und Ihre inneren Wegweiser – Seele und Geist – weniger wahrnehmen. Sie können die stillen Hinweise aus Ihrem eigenen Innern besser wahrnehmen, wenn Sie tiefer nach innen hören lernen. Wenn Sie Ihre Wahrnehmung in diese Richtung entwickeln wollen, finden Sie im Folgenden Beispiele meiner eigenen Erfahrungen, der Wegweiser, die mir begegnet sind sowie weiterführende Literatur.

Neue Perspektiven für Ihren Beruf und Ihr Leben sind in Ihrem Herzen angelegt. Vielleicht werden Sie durch diese Lektüre berührt, angeregt und gestärkt?! Ich wünsche es Ihnen.

Wer im Einklang mit einem grösseren Ganzen
einer guten Fügung traut,
der wartet auch gegen den äusseren Schein
und gegen die Einwände und gegen die Ängste.
Das ist eine grosse spirituelle Leistung.
Das viele Überlegen dagegen ist Misstrauen.
Dann entzieht sich das, was fügt und führt
und man bleibt auf sich selbst gestellt.
Dieses Vertrauen ist wie eine Vorwegnahme
von Sterben und daher
gibt es auch keine Hilfe
ausser Demut und Vertrauen.

Bert Hellinger

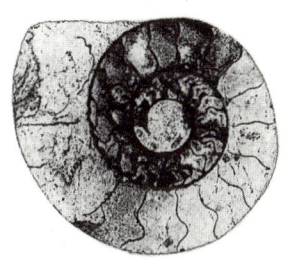

Der Baum des Lebens: Ihre Lebensfragen

So wie der Baum und die Natur insgesamt befinden auch Sie sich als Mensch in einer ständigen Entwicklung von einzelnen Werde- und Vergehensprozessen. In der Natur können Sie den Rhythmus des Werdens und Vergehens Jahr für Jahr beobachten. Herbst und Winter rufen in Ihnen normalerweise keine Ängste hervor, weil Sie wissen und erfahren haben, dass diese Zeit äußeren Sterbens in Wirklichkeit der Beginn einer inneren Erneuerung ist. Neue Kraftreserven werden für das Wachsen im folgenden Frühjahr angelegt. Im menschlichen Leben erfahren Sie dies in dem täglichen Tag- und Nachtrhythmus. Hin und wieder erkennen Sie auch, dass sich ein Lebensabschnitt dem Ende neigt und ein Neuer beginnt. Wenn Sie sich regelmäßig die auf der folgenden Seite aufgeführten Fragen stellen, erkennen Sie, dass in Ihrem Leben ständig etwas am Wachsen, am Werden oder Reifen und etwas anderes am Vergehen ist. Sie nehmen den natürlichen Fluss des Lebens und der Veränderungen wahr.

❏ *In Ihrem Leben hat alles seine Zeit – und seine Fragen.*

Wie Sie aus der Abbildung des Baumes mit den Lebensfragen auf der nächsten Seite ersehen können, hält der Baum des Lebens immer wieder neu die Fragen für Sie bereit, die Sie weiterführen können.

Machen Sie sich eine Kopie des Baumes, am besten in Vergrößerung, oder schreiben Sie die Antworten auf ein separates Blatt. Aus eigener Erfahrung weiß ich, dass sich die Antworten immer wieder verändern. Es ist gut, wenn Sie mit Personen Ihres Vertrauens über die Fragen und Antworten sprechen können.

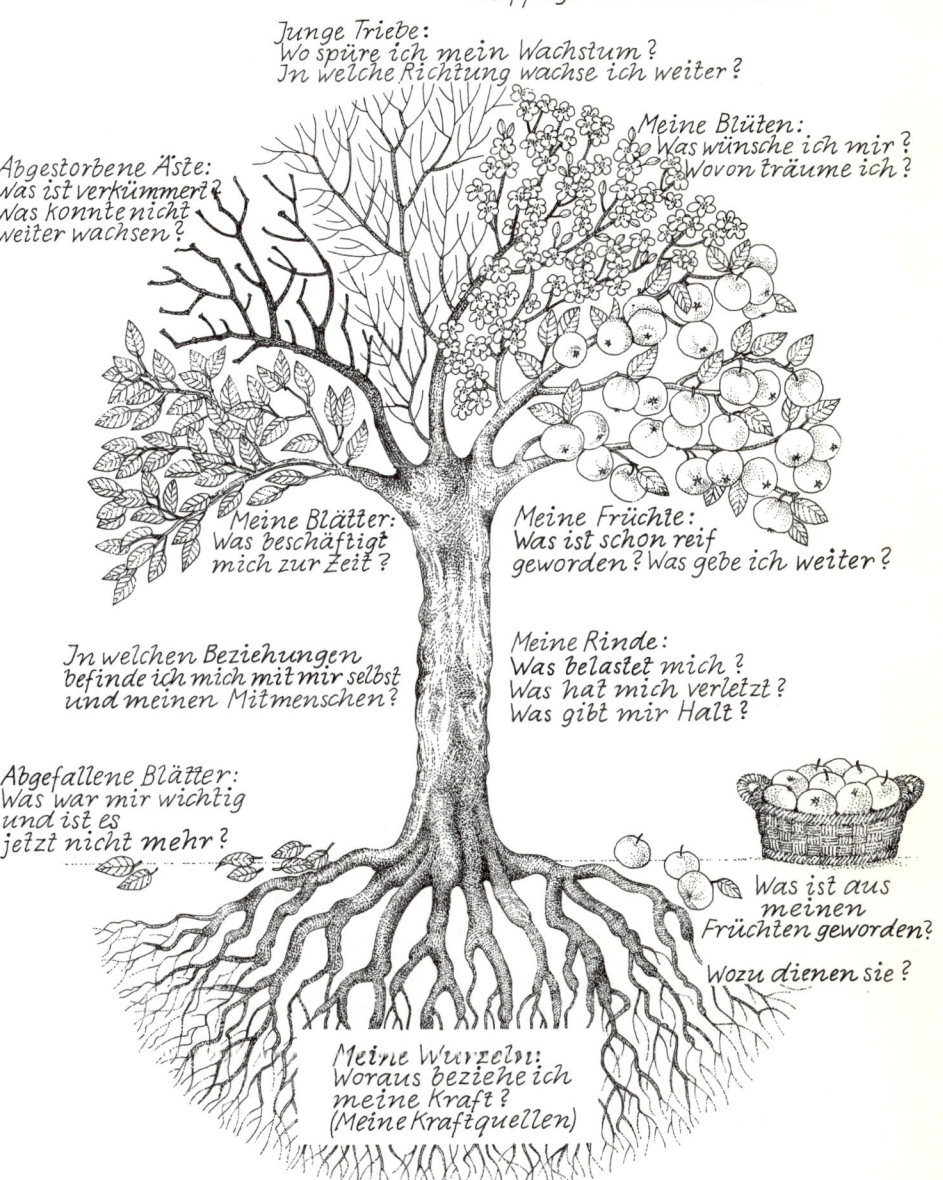

Triebe und Blüten (Talente):
Wie pflege ich meine Triebe?

Junge Triebe:
Wo spüre ich mein Wachstum?
In welche Richtung wachse ich weiter?

Meine Blüten:
Was wünsche ich mir?
Wovon träume ich?

Abgestorbene Äste:
Was ist verkümmert?
Was konnte nicht
weiter wachsen?

Meine Blätter:
Was beschäftigt
mich zur Zeit?

Meine Früchte:
Was ist schon reif
geworden? Was gebe ich weiter?

In welchen Beziehungen
befinde ich mich mit mir selbst
und meinen Mitmenschen?

Meine Rinde:
Was belastet mich?
Was hat mich verletzt?
Was gibt mir Halt?

Abgefallene Blätter:
Was war mir wichtig
und ist es
jetzt nicht mehr?

Was ist aus
meinen
Früchten geworden?

Wozu dienen sie?

Meine Wurzeln:
Woraus beziehe ich
meine Kraft?
(Meine Kraftquellen)

Baum des Lebens: Ihre Lebensfragen

❏ *Die Antworten auf die Fragen – Ihre inneren Wegweiser.*

Die Antworten auf die verschiedenen Fragen können Rück-blicke sein, neue Betrachtungsweisen oder Wegweiser für die Zukunft. Es werden besonders die Bereiche angesprochen, die Sie im Augenblick bewegen. Sie lenken Ihre Aufmerk-samkeit nach Außen und Innen.

Es kann vorkommen, dass Sie jetzt auf die eine oder andere Frage keine Antwort haben, zum Beispiel nach den »Jungen Trieben« oder »Blüten«. So wie junge Triebe und Blüten im Frühling erst kommen, wenn die Temperaturen das Wachstum nicht mehr gefährden, so finden sich Antworten auf diese Fragen, wenn Sie und die Umstände darauf vorbereitet sind.

Die Antworten sind Ihre eigenen Wegweiser für neue Berufs- und Lebensperspektiven. Diese Ideen sind (wahrscheinlich) noch jung und brauchen einen »geschützten Raum«, um wachsen zu können. Gehen Sie behutsam damit um. Wenn die Zeit dafür reif ist, sprechen Sie mit Menschen darüber, die die gleichen Interessen haben oder denen daran liegt, Sie in Ihrer Entwicklung zu fördern.

Es könnte auch sein, dass etwas, das Sie für einen »abgestor-benen Ast« halten, die Schattenseite einer geliebten Situation oder Person ist, oder dass sich etwas lediglich in einem »Winterschlaf« befindet. Das Wichtigste ist, dass Sie darauf vertrauen, dass nur das Beste für Sie und Ihr Umfeld geschieht und dass Sie den richtigen Weg finden. Die Umsetzung der Antworten braucht jedoch auch Geduld, nicht immer geht es sofort, es braucht mitunter Monate, sogar Jahre.

EINKLANG

Bevor Sie weiter lesen, können Sie sich innerlich auf die nächsten
Seiten einstimmen. Die folgende Übung kann dabei behilflich sein:

* Ich entspanne den Körper.

* Ich sitze aufrecht, im Gleichgewicht

* und öffne alle Sinnesorgane für meine Umgebung.

* Ich rieche, schmecke, sehe, fühle und höre.

* Ich weiß, dass ich hier und jetzt anwesend bin.

* Ich lasse alle Gedanken still werden.

* Ich lasse alle Sorgen gehen, bis der Geist

* still und klar ist wie ein durchsichtiger Wasserspiegel.

* Ich komme zur Ruhe in mir selbst.

Schule der Philosophie: Brüssel

In der Stille anfangen

Innere Stille und äußere Bewegung gehören untrennbar zusammen, sie bilden eine Einheit. Die innere Nabe des Rades ist leer und unbeweglich. Das äußere Rad kann sich jedoch bewegen. Ruhepol und Bewegung, diese beiden Gegensätze, stehen in Einklang mit einander. Stille ist nicht Stillstand, sondern die Quelle für Bewegung und Aktivität. Stille ist die Gebärmutter für das Neue im Leben. Die Worte *innere Stille* können wir hören, innere Stille erleben ist jedoch gemeint. Es gibt viele Wege. Wie finde ich persönlich dort hin? Was hilft mir in unterschiedlichen Situationen: Entspannungsübungen, Meditation, Konzentration, ein Spaziergang, ein Gespräch, Musik ...? Warum sind diese Fragen so wichtig? Vielleicht können wir in einem Augenblick der inneren Stille einen Ruf hören, einen Hinweis erhalten für eine Weg weisende oder notwendige Intuition in einer schwierigen Lage? Wir können neue Kräfte schöpfen, indem wir uns innerlich aus einer beängstigenden Frage heraus auf eine höhere Ebene bewegen. Das Leben erscheint uns dann aus einer neuen Sicht.

SOBALD IM INNERN FRIEDE GESCHAFFEN IST,
HAT DER MENSCH GENÜGEND KRAFT UND MACHT GEWONNEN,
DEN STÜRMEN DES LEBENS ZU TROTZEN,
NACH INNEN SOWIE NACH AUSSEN.

Hazrat Inayat Khan

Die Sehnsucht nach Einklang und Harmonie

Es gibt im Grunde zwei Ursachen für eine tiefe Sehnsucht in uns. Die erste ist die Sehnsucht zu lieben, und die zweite ist die, geliebt zu werden. Diese Sehnsucht, zu lieben und von anderen geliebt und anerkannt zu werden, ist wie ein verborgener Strom in uns, der uns immer wieder leise daran erinnert, was wir wirklich suchen und wie wir dauerhafte Erfüllung finden können.

Wenn wir Menschen begegnen, die von diesem inneren Strom getragen oder durchflutet werden, kommen auch wir vielleicht in Einklang mit dieser Kraft, mit uns selbst und anderen Menschen. Auf unserem inneren Entwicklungsweg besitzt diese Sehnsucht eine Art Anziehungskraft, ausgelöst durch ein gutes Buch, eine Begegnung oder durch einen Augenblick der Besinnung. Wenn wir eine bestimmte Strecke des Weges zurückgelegt haben und uns für den weiteren Weg entscheiden, verändert sich diese Kraft, sie treibt uns nun an, das angestrebte Ziel zu erreichen, nämlich mit uns selbst und unserer Umgebung in Einklang zu sein.

Wenn wir im Beruf nicht (mehr) erfolgreich sind, nicht (mehr) motiviert sind oder den Sinn unserer Tätigkeit nicht (mehr) nachvollziehen können, zeigt uns die Sehnsucht den weiteren Weg. Auch wenn wir im Beruf (genug) Erfolg (gehabt) haben, macht sie sich bemerkbar. Hören wir auf unsere innere Stimme, beginnt sie uns zu führen.

In Lebenskrisen und häufig auch mit zunehmendem Lebensalter beginnen sich uns Fragen aufzudrängen nach einem tieferen Lebenssinn, nach unserer Bestimmung oder Lebensaufgabe. Je kontinuierlicher wir diesem Ruf, diesen Fragen nach dem Sinn folgen, desto klarer zeigt sich unser Lebensweg. Wir lernen, die physische Begrenztheit im Außen, im Körperlichen, durch inneres Wachstum auszugleichen. Damit beginnen wir einen *Stirb-und-Werde-Prozess* mitten im Leben. Wir arbeiten an der wichtigsten Lebensaufgabe. Motivation kommt nicht mehr nur von außen (als Leistungsdruck), sondern vermehrt von innen. Wir wissen nun, warum wir etwas tun wollen. Das Leben bekommt einen neuen Sinn und gewinnt an Leichtigkeit, Lebensfreude und Gelassenheit, die auch in turbulenten Zeiten und Krisen nicht verloren gehen.

Die Chance der Zerrissenheit

In dem Moment, in dem ich merke, dass ich nicht mehr eins bin mit dem Strom des Lebens, dass sich Schwierigkeiten in einem oder mehreren Lebensbereichen häufen, erwächst in mir ein Gefühl des Getrenntseins vom Leben, der inneren Zerrissenheit und Einsamkeit. Dieses Gefühl lässt sich oft nicht durch Veränderungen im äußeren Leben heilen. Ein Umzug, Partner- oder Berufswechsel bringen nicht immer Abhilfe. Seelennahrung tut not. Es ist nicht damit getan, hin und wieder ein Seminar zu besuchen, ein Buch zu lesen oder einen Vortrag zu hören, sondern wir müssen ein neues inneres Fundament schaffen, indem wir kontinuierlich einen Stein auf den anderen setzen. Die Gemeinschaft mit Menschen, die auch nach Seelennahrung suchen, wird überlebensnotwendig. Mit oder ohne leibliche Familie, Nachbarschaft und Freundeskreis entsteht die Notwendigkeit für eine *geistige Familie*.
Eine geistige Gemeinschaft gibt mir die Möglichkeit, über meine innere Entwicklung zu sprechen, Wichtiges und Unwichtiges zu trennen, objektiver zu sehen, mich verstanden zu fühlen und mich weiter zu entwickeln. Sie hilft mir eine geraume Zeit, die innere Sehnsucht zu stillen, und wir haben den Eindruck, eine neue Heimat gefunden zu haben. Dies kann so weit gehen, dass wir unser bisheriges Leben und unser Umfeld nicht mehr einordnen können und nicht mehr damit umgehen können oder wollen. Eine

Isolierung von der Familie oder ein Aussteigen aus dem Beruf kann dann eine mögliche Folge sein. Manchmal ist dies sogar eine bewusste und gewollte Lebens- oder Lernphase, die zum Lebensweg werden kann. Wenn ich mich jedoch nicht aus der Welt zurückziehen will oder kann, wird es notwendig, dem Beruf und der Familie aus einer neuen inneren Einstellung heraus zu begegnen und alle Lebensbereiche harmonisch zu entwickeln.

Während der vergangenen Jahre bin ich mit verschiedenen geistigen Gemeinschaften in Berührung gekommen. Sie haben mich ein wichtiges Stück des Weges begleitet und inspiriert. Mit einzelnen Menschen, mit denen ich auch heute noch in Kontakt stehe, ist eine Berufs- und Lebensweggemeinschaft entstanden. Gleichgesinnte also, die alle auf der Suche nach ihrer Lebensaufgabe oder Berufung sind. So entsteht aus der Zerrissenheit das Interesse für die Suche nach der eigenen Berufung. Das Interesse zieht Gleichgesinnte an und verbindet sie miteinander.

Hinhören, dem inneren Ruf folgen

Im Gespräch miteinander können Sie im Wesentlichen drei Formen des Hörens beobachten. Im Symbol der Schnecke erkennen Sie zwei davon: einen Weg nach außen und einen Weg nach innen. Sie können außen auf die Worte hören, die gesagt werden, oder innen auf den Klang der Stimme eines Menschen hören, auf das, was in den Worten mitklingt, was Ihr Gegenüber Ihnen wirklich sagen will. Die dritte Form wäre das Zuhören: Im wahrsten Sinne des Wortes: die Ohren schließen, nicht hören!

Wenn Ihre Gedanken ruhen, beginnt die vierte Form des Hörens: das Schweigen. Im Schweigen können Sie eine Stimme in sich hören: den Ruf. Etwas in Ihnen ruft oder gibt Ihnen Hinweise für Ihren Lebensweg und die Berufung.

Nach innen hören geht weiter als mit dem Herzen hören, dem Gefühl oder dem Bauch folgen. Je universeller und damit unpersönlicher Ihre Anliegen werden, umso klarer entstehen als Resonanz auf Ihre Fragen Intuition, Inspiration oder Einsichten als eine Synthese von Herz und Verstand. Sie erfordern oft Mut für die Umsetzung, weil es neue und unbekannte Wege sind. Wenn Sie mehr und mehr nach innen hören und Ihren Intuitionen vertrauen lernen, nähern Sie sich gradweise Ihrer eigenen Berufung oder Lebensaufgabe. Auch Begegnungen und Ereignisse im Äußeren sagen Ihnen etwas Neues, werden Ihnen verständlicher. (Siehe J.E. Behrendt: *Ich höre, also bin ich.*)

Wie sieht es in der Praxis aus mit dem Nach-innen-Hören, dem Ruf zu folgen? Wie oft müssen Sie nach innen hören? Wie viele Intuitionen, Inspirationen oder Einsichten benötigen Sie auf dem Weg? Vielleicht lässt sich dies – ohne an dieser Stelle auf Einzelheiten einzugehen – am Beispiel einer Analogie beschreiben:

Wenn Ihnen Ihre Berufung in Form einer Aufgabe klar wird – in der Regel in einem Wort ausgedrückt –, haben Sie die äußere Schale in der Hand. Auf dem Weg zum Kern hin lernen Sie wie bei einer Zwiebel eine Haut nach der anderen kennen. So sind die Erfahrungen, die Sie persönlich mit der Berufung machen, andere als die, die Sie im Rahmen Ihrer Familie oder des Freundeskreises damit machen. Wieder andere Erfahrungen entstehen, wenn Sie die Berufung im Rahmen eines größeren Ganzen mit Gleichgesinnten sehen. Jede Ebene auf dem Weg der Berufung hat ihre jeweils eigenen Ziele und Aufgaben. Wenn sie erfahren sind, tun sich neue Welten nach innen und außen auf.

Ein Weg, der im Beruf beginnt und auf den Weg der Berufung führt, benötigt auf jedem Schritt neue Impulse der Führung und des Vertrauens. *Auf den Ruf vertrauend schließt sich der Kreis.* Aus dem Suchenden wird ein Gesuchter. Am Ende einer spannungsgeladenen Periode – gleich den Wehen vor einer Geburt – geschieht unverhofft, was Sie schon lange gesucht haben: eine

Aufgabe, für die Sie die Talente entwickelt haben, hat Gestalt angenommen, Ihnen wird die Aufgabe für Ihre wahren Talente gegeben. Bis hier hin war alles Vorbereitung, nun können Sie im Einklang mit menschlichen Beziehungen, innerer Entwicklung, Ihrem Körper und der Natur leben. Ihre Sehnsucht ist erfüllt. Sie können nun beginnen, ihr mehr und mehr Ausdruck zu verleihen.

WAHRE SCHÖNHEIT IST DAFÜR GESCHAFFEN,
DASS DER MENSCH SEINER SEELE AUSDRUCK VERLEIHEN KANN.

Hazrat Inayat Khan

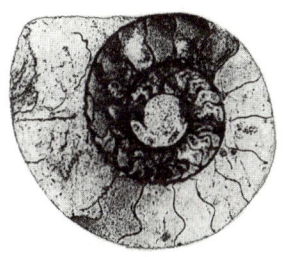

ORIENTIERUNGEN

SUCHEN SIE IN IHREM HERZEN ZU ERGRÜNDEN,
WAS SIE SICH AM MEISTEN WÜNSCHEN,
UND WENN SIE DAZU FÄHIG SIND,
SO WERDEN SIE WISSEN, WAS SIE ZU TUN HABEN.
DENKEN SIE GUT DARÜBER NACH
UND GEHEN SIE DANN DARAUF LOS.

G.J. Gurdjieff

Wie kann ich meine Talente, Fähigkeiten und Interessen entdecken, fördern und für die Berufswahl oder für eine berufliche Neuorientierung nutzen? Für wen und wie kann ich sie zur Lösung von Aufgaben oder Engpässen einsetzen? Wie können die Interessen von Einzelnen, Gruppen und Unternehmen in Einklang gebracht werden? Wie können sich berufliche und persönliche Lebensbereiche gegenseitig befruchten, anstatt Kräfte zu verzehren? Wie kann ich mit dem Gefühl, von Verantwortlichkeiten, Forderungen und Projekten erdrückt zu werden, umgehen? Welche Chancen liegen in diesen natürlichen Konflikten? Diesen Fragen gehe ich auf der Ebene des Berufes, menschlicher Beziehungen, der inneren Entwicklung sowie dem Körper und der Natur nach.

Auf ›vier‹ Beinen stehen: Fundament für Beruf und menschliche Beziehungen

DIE ERFAHRUNG LEHRT, DASS WIR AM MEISTEN ERREICHEN,
WENN WIR UNSERE NATÜRLICHEN TALENTE PFLEGEN.
WENN WIR DAS TUN, WAS WIR GUT KÖNNEN
UND UNS IMMER NOCH ZU STEIGERN VERSUCHEN,
WERDEN WIR ENORME FORTSCHRITTE MACHEN.
WIR WERDEN RUNDUM MIT UNS ZUFRIEDEN SEIN.

Hans H. Hinterhuber

➤ *In diesem Kapitel erwartet Sie:*
Harmonie von Körper, Geist und Seele – Auf ›vier‹ Beinen stehen – Ist das Leben ein Kampf, eine Aufgabe oder ein Spiel? – Wissen, wann man kämpfen muss

Harmonie von Körper, Geist und Seele

Wie kann der Mensch Harmonie in sich erreichen? Wäre diese Harmonie nicht auch das Fundament einer Harmonisierung von Beruf und menschlichen Beziehungen mit der inneren Entwicklung, dem Körper und der Natur?
Körper, Herz und Geist können auch als unser physischer, emotionaler und mentaler Körper bezeichnet werden. Wo kann der Einzelne, die Familie, die Gesellschaft ansetzen, damit wir als Menschen eine harmonische Entwicklung von Körper, Gedanken und Gefühlen erreichen? Welche Kenntnis haben wir vom Wesen des Menschen und seinen Entwicklungsphasen? Welche Bedeutung hat die Seele in diesem Prozess? Müsste die Überschrift nicht lauten: »Harmonie von Körper, Herz und Geist mit der Seele?«
Die nachfolgenden (teilweise abgeänderten) Auszüge aus den Ver-

lorenen Schriftrollen der *Essener* (s. Lit.) über die Notwendigkeit der Harmonie zwischen Körper, Herz und Geist können erste Anworten auf diese Fragen geben:

– »Denn der Körper allein gleicht einem verlassenen Haus ...: Was man für schön hielt, wird mit der Zeit welk und schwach ...

– Und das Herz allein gleicht einer Sonne, die keine Erde bescheint, einem Licht in der Leere ...

– Und der Geist allein gleicht einer heiligen Schriftrolle, die, dünn vom Gebrauch der Jahre, vergraben werden muss ...

– ... der Leib und das Herz und der Geist sind gleich einem Wagen, einem Pferd und einem Kutscher. Der Wagen ist der Körper, kraftvoll und geschaffen, ein Werkzeug zu sein ... (für die geistigen Kräfte und die Elemente der Natur). Das Herz ist das feurige Ross, glorreich und tapfer, das getreulich den Wagen zieht, ganz gleich, ob die Straße eben ist, oder ob Steine oder gestürzte Bäume im Weg liegen. Und der Kutscher ist der Geist, er hält die Zügel der Weisheit und sieht von oben, was am fernen Horizont auftaucht, und steuert den Kurs der Hufe und Räder.«

So gesehen ist unsere Aufgabe die Entwicklung von Körper, Geist, Herz und Seele. Wenn sich alle Bereiche in uns entwickeln können, kann ein harmonisches Ganzes entstehen.

Auf ›vier‹ Beinen stehen

Der Mensch findet zu seiner Vollkommenheit durch die Einheit von Körper, Herz und Geist. Es heißt, dass ich auf einem Bein auf die Dauer nicht gut stehen kann. In unserer westlichen Kultur ist dieses eine Bein meistens der Beruf, der zu Lasten der anderen Bereiche übergewichtig ist. Es ist besser, auf vier Beinen zu stehen, alle vier Lebensbereiche harmonisch zu entwickeln: Beruf, Privatleben, innere Entwicklung sowie den Körper, damit ich bei Beeinträchtigung eines Standbeines auf die anderen zurückgreifen kann.

❏ Auf dieser Seite finden Sie die vier Lebensbereiche bei-spielhaft anhand eines *Mindmap* (Landkarte von Gedanken oder Situationen) dargestellt. Erstellen Sie auf einem separaten Blatt Ihre eigene Berufs- und Lebenssituation mittels eines Mindmap. Sie haben dann vor Augen, wie sich Ihre vier Lebensbereiche bisher entfaltet haben und weiter entwickeln können.

Beispiel eines Mindmap für die vier Lebensbereiche:

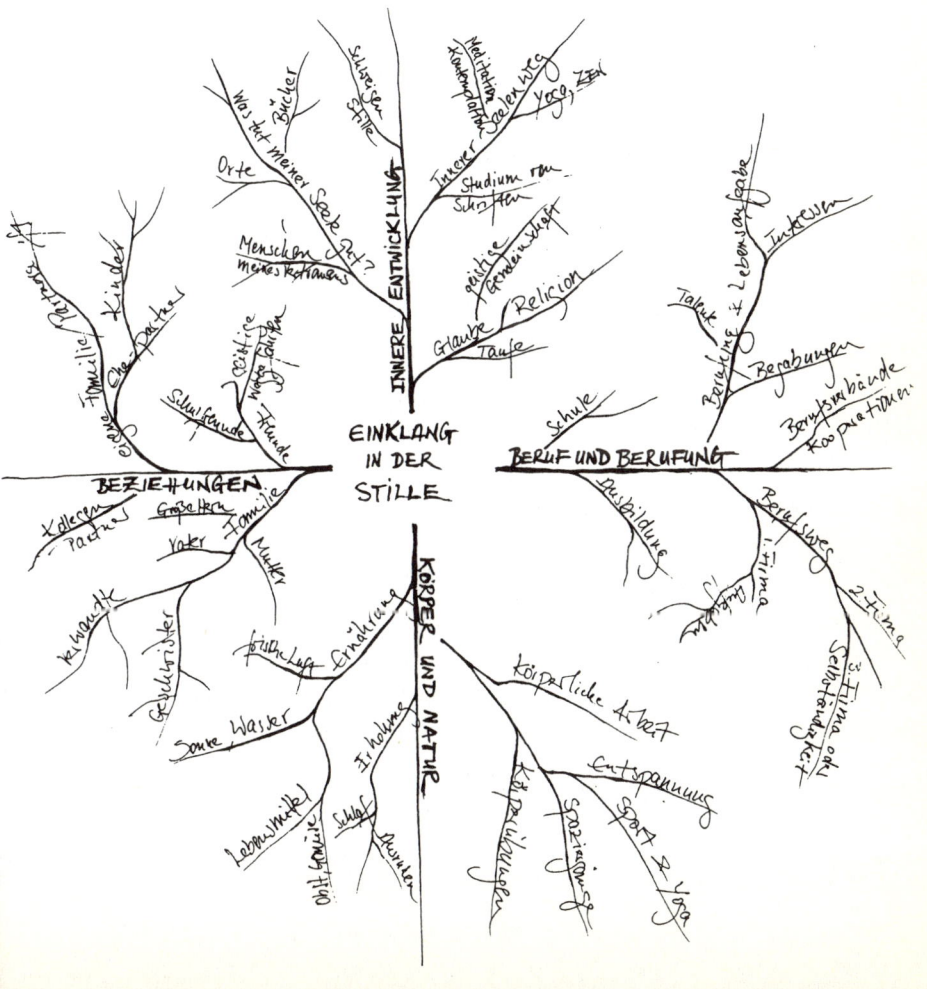

Ist das Leben ein Kampf, eine Aufgabe oder ein Spiel?

Wenn wir uns so annehmen und lieben lernen, wie wir sind und dem Leben einen höheren Sinn geben, einen, der jenseits unseres Berufes oder des persönlichen Lebens liegt, dann kann unser Leben an Leichtigkeit gewinnen und zeitweise einen spielerischen Charakter annehmen. Professionalität und berufliches Können sind Werte, die in der westlichen Kultur weitgehend einseitig entwickelt wurden. Es geht darum, diese Werte zu bewahren und sie zu erweitern um die harmonische Entwicklung aller Bereiche, die unser Leben in der Gesellschaft ausmachen.

Wissen, wann man kämpfen muss

Es gibt immer auch Zeiten und Momente im Beruf, im persönlichen Leben oder in der eigenen Entwicklung, in denen Kampf, Anstrengung oder Klärung angesagt sind. Wenn meine eigenen Wünsche und Vorstellungen keinen Anklang finden, ist es hilfreich, zunächst in Ruhe zu mir selbst zurückzufinden und eine innere Klärung zu suchen, bevor ich mich nach außen wende. Dann können »Kämpfe« und Auseinandersetzungen, die notwendig sind, wie ein Gewitter die Luft reinigen.

ICH HALTE DEN MENSCHEN FÜR WEISE UND GLÜCKLICH,
DER FRÖHLICH INMITTEN VON SCHWIERIGKEITEN LEBT,
WEIL ER NUR VON GOTT ALLEIN ABHÄNGIG IST;
DEN ANGST NICHT SCHWÄCHT NOCH SCHMERZEN QUÄLEN;
DER SICH VON VERLANGEN NICHT KORRUMPIEREN
UND VON BEGIERDE NICHT HINREISSEN LÄSST.

UNTER DEN DICKSTEN DORNEN FINDET ER
DIE ZARTESTEN UND SCHÖNSTEN BLUMEN,
AUS ABFALL HOLT UND GRÄBT ER PERLEN AUS;
ER SIEHT IN DER DUNKELSTEN NACHT;
GEFESSELT UND GEBUNDEN DURCH KETTEN LÄUFT ER,
ALS WÄRE ER UNGEFESSELT UND FREI;
BIS SCHLIESSLICH DER HEILIGE GEIST ÜBER IHN WEHT.

Marsilio Ficino

Beruf und Berufung

➤ *In diesem Kapitel erwartet Sie:*

Den Beruf aus neuen Perspektiven sehen – Die innere Entwicklung führt zur Berufung – Arbeit auf drei Ebenen: Arbeit an uns selbst, mit anderen und für das Ganze – Die Bedürfnisse des Augenblicks – Berufung: Vom Talent bis zur Bestimmung – Was ist meine Lebensaufgabe oder Berufung? – Stellenwechsel: Eine Chance auf dem Weg zur eigenen Berufung – Karriere und Berufung – Familie und Berufung – Erziehung zum Beruf oder Leben? – Berufstätig und Vater sein – Existenzkampf und Vertrauen als Geschenk – Die wahre Berufung

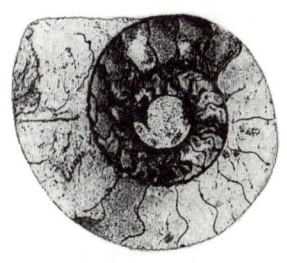

ES IST BESSER,
DIE EIGENEN AUFGABEN AUCH UNVOLLKOMMEN ZU ERFÜLLEN,
ALS DIE AUFGABEN ANDERER,
AUCH WENN WIR DIESE NOCH SO GUT AUSFÜHREN.

Bhagavad Gita

Den Beruf aus neuen Perspektiven sehen

In unserer Kultur ist das Selbstwertgefühl stark an das Erbringen von Leistung gebunden. Einseitige Ausrichtung auf den Beruf birgt besonders in wirtschaftlich schwierigen Zeiten die Gefahr, bei verminderter Anerkennung oder beim Verlust des Arbeitsplatzes in eine »innere Kündigung«, Depression oder Krankheit zu verfallen. Dies ist wegen der mit dem Verlust eines Arbeitsplatzes einhergehenden materiellen Beeinträchtigung doppelt kritisch.

Wenn ich neben dem Standbein Beruf die anderen Standbeine (menschliche Beziehungen, innere Entwicklung und Umgang mit dem Körper, siehe Seite 55 bis 91) pflege, kann ich bei beruflichen Schwierigkeiten Kraft aus diesen Lebensbereichen beziehen. Wenn sich in meinem Leben Schwierigkeiten in allen vier Lebensbereichen gleichzeitig ergeben, muss eine weitere Kraftquelle erschlossen werden. Dies ist das wachsende Vertrauen, welches entsteht, wenn ich auf einem inneren Entwicklungsweg bin.

In der Jugend und in der frühen Zeit des Erwachsenenalters ist der Beruf von primärer Bedeutung. Man versucht das Leben zu meistern, indem man mit seinen Kenntnissen und Fähigkeiten lernt, den Lebensunterhalt für sich und eventuell die Familie sicherzustellen. Im Laufe des Lebens bekommt der Beruf jedoch parallel zur seelischen Entwicklung eine andere Bedeutung. Mit der Frage nach dem Sinn des Lebens, die sich im mittleren Lebensalter zu stellen beginnt, entwickelt sich eine neue innere Einstellung der

Berufstätigkeit und dem Leben gegenüber. Es tauchen Fragen auf wie: »Soll ich mein Leben schrittweise ändern oder arbeite ich bis 65 Jahre so weiter? Gebe ich dem Berufs-Leben einen neuen Sinn, indem ich mein angesammeltes Wissen und meine Erfahrungen an die nachfolgenden Generationen weitergebe? Schaffe ich mir Freiräume, um meiner Berufung nachzugehen? Wie kann ich einen solchen Wechsel frühzeitig vorbereiten, um mit den finanziellen Mitteln auszukommen?«

> JEDES WESEN HAT EINE BESTIMMTE BERUFUNG,
> UND DIESE BERUFUNG IST DAS LICHT,
> DAS SEIN LEBEN ERLEUCHTET. DER MENSCH,
> DER SEINE BERUFUNG NICHT BEACHTET,
> IST WIE EINE UNANGEZÜNDETE LAMPE.
>
> Hazrat Inayat Khan

Die innere Entwicklung führt zur Berufung

Die innere Entwicklung hilft uns, bewusster zu werden für das, was in uns und um uns herum notwendig ist. Sie ist wie ein genereller Reinigungsprozess, der uns Stufe um Stufe von den Vorstellungen und Meinungen befreit, die wir nicht mehr benötigen. Eine innere Entwicklung hat nicht notwendigerweise zur Folge, dass ich meinen Beruf wechsle. Sie hat jedoch zur Folge, dass ich meinen Beruf mit einer anderen Einstellung ausübe: mit größerer Gewissenhaftigkeit, Freude, Geduld, Ausdauer, Gelassenheit und Professionalität. Sie führt demnach zu einer Form der Ausübung, die mehr Aufmerksamkeit und Liebe beinhaltet, basierend auf einem neu gewonnenen Einklang mit mir selbst.

Arbeit auf drei Ebenen: Arbeit an uns selbst, mit anderen und für das Ganze

Wie finde ich das richtige Maß zwischen Arbeit an mir selbst, mit anderen und für das Ganze, zwischen Beruf, Familie und Innenleben? Jeder wird letztendlich für sich in seiner Umgebung und Lebensphase herausfinden müssen, was gerade das richtige Maß für ihn ist. Das Wesentliche aus meiner eigenen Erfahrung liegt darin, jeweils die richtigen inneren Bedingungen für mich zu erhalten und dafür zu sorgen in einem ausgeglichenen Zustand zu sein. In der östlichen Betrachtungsweise richtet sich dies danach, in welchem Maße wir der »Erfüllung der Bedürfnisse des Augenblicks« Rechnung getragen haben. Es erfordert Mut und Übung, geistesgegenwärtig zu sein und die Bedürfnisse des Augenblicks zu erkennen und sie dann auch umzusetzen. Oft hindern wir uns dabei durch die Frage »Was bringt mir das?«

Heutzutage wird Arbeit hauptsächlich als Erwerbstätigkeit verstanden. Neben Kapital und Boden gehört Arbeit zu den Grundwerten, die in unserer Gesellschaft wirken. Durch die Arbeitslosenzahlen entsteht der Anschein, dass Erwerbstätigkeit für immer weniger Menschen vorhanden ist. Welche Faktoren führen zu höheren Arbeitslosenzahlen? Welche psychologische Wirkung haben die Arbeitslosenzahlen auf die Gesellschaft? Welche Wege können grundsätzlich die Erwerbstätigkeit als Teil des ganzen Lebens einer Gesellschaft verändern? Entsteht Arbeitslosigkeit vermehrt dadurch, dass immer mehr Menschen erwerbstätig werden? Haben wir ein gesundes Maß von Erwerbstätigen in unserer Gesellschaft? Fragen über Fragen, die noch unbeantwortet sind und vielleicht eines eigenen Buches bedürfen. An dieser Stelle will ich lediglich auf die Faktoren eingehen, die ich selbst erlebt habe und die ich selbst beeinflussen kann.

Neben der Arbeit für den Lebensunterhalt gibt es drei weitere

Formen der Arbeit: *Arbeit an uns selbst, mit anderen und für das Ganze.*

– Arbeit ausschließlich oder hauptsächlich für persönliche Zwecke (für mich, meine Familie, meine Firma, meine Stadt, mein Land, etc.,) führt in Isolation und unnötigen Konkurrenzkampf.

– Arbeit an uns selbst bedeutet, einen inneren Entwicklungsweg zu gehen (siehe dazu das Kapitel *Innere Kräfte als Wegweiser für Beruf und Beziehungen*).

– Arbeit mit anderen und für die Familie, ein Unternehmen oder das größere Ganze führt zu mehr Lebensfreude und Verbundenheit. Mit Mula Nasroddin könnten wir sagen: »Bemühe dich stets und in allem, das Nützliche für die anderen mit dem Angenehmen für dich selbst zu verbinden.«

Eine zu große Spezialisierung im Arbeitsleben hat Isolation zur Folge, die zu einem Verlust an Kooperations- und Integrationsfähigkeit führt. Ein Verlust an diesen Fähigkeiten erzeugt Angst, diese führt zu Spannung und Stress und schließlich zu Krankheit. Wenn wir mit einander in einer Gemeinschaft, in einem Unternehmen oder einer Verwaltung arbeiten, vermeiden wir Spezialistentum und bewahren unser inneres Gleichgewicht. Mit einander arbeiten und Kooperationsbereitschaft entwickeln erzeugt Vertrauen. Vertrauen stärkt die Fähigkeit zu leben und verantwortungsvoll zu handeln. Dies wiederum erzeugt Harmonie oder Einklang. Kooperation entsteht, wenn sich die Interessen von Gleichgesinnten ergänzen. Sie setzt voraus, dass ich weitestgehend in mir selbst ruhe, glaubwürdig bin und Vertrauen schenken kann. So ist Arbeit mit anderen und für andere immer ein Lernfeld, in welchem wir unser Menschsein über die Beziehungen miteinander verfeinern können. Liegt nicht gerade darin in schwierigen Entwicklungszyklen einer Gesellschaft eine Chance? (Siehe auch Friedrich Weinreb: *Betrachtungen über den Sinn des Unternehmens*).

Die Bedürfnisse des Augenblicks

Eine alte chinesische Weisheit sagt: »Wenn ich den Bedürfnissen des Augenblicks Rechnung trage, finde ich immerwährendes Glück.« Wenn ich meine Berufung oder Lebensaufgabe einseitig verfolge oder schnell umsetzen will und nicht für die Bedürfnisse meiner Umgebung offen bleibe, kann ich in eine Sackgasse geraten. Wenn ich meine Lebensaufgabe verfolge und gleichzeitig die Bedürfnisse der mich tragenden Menschen in meiner Umgebung und der Gesellschaft als Ganzem im Auge behalte, werde ich feststellen, dass sich beides ergänzt.

In der freien Wiedergabe der Geschichte *Die Drei Fragen* von Leo Tolstoi wird eine solche Situation nachfolgend beispielhaft angesprochen. Bevor Sie weiter lesen, können Sie sich durch die bereits erwähnte Übung innerlich auf die nächsten Seiten einstimmen:

* Ich entspanne den Körper.

* Ich sitze aufrecht, im Gleichgewicht

* und öffne alle Sinnesorgane für meine Umgebung.

* Ich rieche, schmecke, sehe, fühle und höre.

* Ich weiß, dass ich hier und jetzt anwesend bin.

* Ich lasse alle Gedanken still werden.

* Ich lasse alle Sorgen gehen, bis der Geist

* still und klar ist wie ein durchsichtiger Wasserspiegel.

* Ich komme zur Ruhe in mir selbt.

Schule der Philosophie: Brüssel

»Die Drei Fragen« nach einer Kurzgeschichte von Leo Tolstoi:

Es war einmal ein König, der dachte bei sich: Wenn er nur immer den richtigen Zeitpunkt kennen würde, wann etwas getan werden müsste, und mit welchen Leuten er jeweils Umgang haben sollte, und mit welchen nicht, und vor allem, wenn er nur immer wüsste, welche Tat die wichtigste sei, dann würde ihm nichts mehr misslingen.

Als der König sich das überlegt hatte, ließ er in seinem ganzen Königreich verkünden, dass er demjenigen eine große Belohnung geben würde, der ihn lehren könne, den richtigen Zeitpunkt für jede Tat zu wissen, die Leute zu erkennen, die am wichtigsten wären, und keine falsche Entscheidung darüber zu treffen, welches Ziel das vorrangige sei.

Viele gelehrte Männer begannen zu dem König zu kommen, doch sie gaben alle verschiedene Antworten auf seine Fragen. Zur ersten Frage sagten einige, dass man, um den richtigen Zeitpunkt für jede Tat zu wissen, ein Schema von Tagen, Monaten und Jahren entwerfen müsse und sich strikt daran halten solle. Nur auf diese Weise, sagten sie, könne alles zur richtigen Zeit getan werden. Andere sagten, dass man nicht im vorhinein entscheiden könne, was zu tun sei und wann, und dass man sich nicht von eitlen Vergnügungen ablenken lassen sollte, sondern auf alles achten müsse, was geschieht, und was zu tun notwendig sei. Eine dritte Gruppe sagte, der König könne noch so sehr auf alles achten, was geschieht, es sei einfach unmöglich für einen einzelnen Menschen, den Zeitpunkt für jede Tat richtig zu entscheiden. Er sollte deswegen einen Rat weiser Männer haben und ihren Empfehlungen folgen. Eine vierte Gruppe sagte, dass es gewisse Dinge gäbe, die eine schnelle Entscheidung erforderten und nicht erlaubten, dass lange darüber beraten würde, ob nun der richtige Zeitpunkt für ihre Erledigung gekommen sei oder nicht. Dann müsste man im Voraus wissen, was geschehen würde, und das könnte nur ein Magier. Deswegen müsse man einen Magier befragen, wenn man den richtigen Zeitpunkt für jede Handlung wissen wolle.

Auch die Antworten auf die zweite Frage waren sehr unterschiedlich. Einige sagten, dass die Leute, die der König am meisten brauche, seine Beamten seien. Einige meinten, es seien die Priester, andere, die Ärzte. Wieder andere behaupteten, die Krieger seien am wichtigsten.

Die Antworten auf die dritte Frage – was denn das wichtigste Ziel sei – waren ebenso unterschiedlich. Einige sagten, dass die Wissenschaft die wichtigste Sache der Welt sei. Andere behaupteten, es sei die Kriegskunst, und wieder andere, die Religionsübung. Die Antworten waren alle verschieden. Dem König gefiel keine einzige und niemand erhielt eine Belohnung.

Um die richtigen Antworten auf seine Fragen zu bekommen, beschloss der König, einen Einsiedler zu befragen, dessen Weisheit berühmt war. Der Einsiedler verließ niemals den Wald, wo er lebte, und empfing dort nur einfache Leute. Der König kleidete sich daher wie ein Mann vom Volk und stieg vom Pferd, bevor er die Hütte des Einsiedlers erreichte. Er ließ seine Ritter warten und setzte den Weg alleine fort. Der König fand den Einsiedler beim Umgraben des Gartens vor seiner Hütte. Als dieser den König sah, grüßte er ihn und fuhr mit dem Graben fort. Er war dünn und gebrechlich, und jedes Mal, wenn er den Spaten in den Boden stieß, und einen kleinen Klumpen Erde umgrub, atmete er schwer. Der König trat näher und sagte: »Ich bin zu dir gekommen, weiser Einsiedler, um dich um die Beantwortung von drei Fragen zu bitten. Wie kann ich wissen, welchen Zeitpunkt ich auf keinen Fall vorbeigehen lassen sollte, wenn ich es nicht später bereuen soll? Welche Menschen sind am wichtigsten, und wem sollte ich am meisten Aufmerksamkeit schenken? Und was sind die wichtigsten Ziele, die deshalb zuerst verfolgt werden sollten?« Der Einsiedler hörte dem König zu, gab ihm jedoch keine Antwort. Er spuckte nur in seine Hände und fuhr fort zu graben. »Du bist ganz erschöpft«, sagte der König. »Gib mir den Spaten. Ich will eine Weile arbeiten.« »Danke«, sagte der Einsiedler und setzte sich auf die Erde. Als er zwei Beete gegraben hatte, hielt der König inne und wiederholte seine Fragen. Der Einsiedler gab keine Antwort, sondern stand auf und streckte seine Hand nach dem Spaten aus mit den Worten: »Nun ruhe du dich aus, und ich werde arbeiten.« Doch der König gab ihm den Spaten nicht. Er grub weiter. Eine Stunde verging und eine weitere Stunde. Die Sonne hatte begonnen, hinter den Bäumen zu versinken, als der König den Spaten in den Boden stieß und sagte: »Ich bin zu dir gekommen, weiser Mann, um Antworten auf meine Fragen zu bekommen. Wenn du mir keine Antwort geben kannst, sag es mir, und ich werde nach Hause gehen.«

»Hier kommt jemand angerannt«, sagte der Einsiedler, »schauen wir nach, wer es ist.« Der König sah sich um und erblickte einen Mann, der aus dem Wald herauslief. Seine Hände waren an den Bauch gepresst und Blut strömte zwischen seinen Fingern hervor. Er lief auf den König zu und fiel ohnmächtig zu Boden, wo er regungslos und leise wimmernd liegen blieb. Der König und der Einsiedler öffneten die Kleidung des Mannes. In seinem Bauch klaffte eine große Wunde. Der König wusch sie, so gut er konnte, und verband die Wunde mit seinem eigenen Taschentuch und dem Handtuch des Einsiedlers. Doch der Blutstrom war nicht einzudämmen. Wieder und wieder entfernte der König den mit warmem Blut vollgesogenen Verband, wusch ihn aus und verband die Wunde erneut. Als die Blutung schließlich aufhörte, kam der Mann zu sich und bat um Wasser. Der König holte frisches Wasser und gab ihm zu trinken. Inzwischen war die Sonne untergegangen, und es wurde kalt. Mit Hilfe des Einsiedlers trug der König den Mann in die Hütte und legte ihn auf das Bett. Der Mann schloss die Augen und wurde still. Der König war so müde von dem Weg und der Arbeit, die er getan hatte, dass er sich bei der Schwelle niederlegte und einschlief. Und er schlief so tief in dieser kurzen Sommernacht, dass er beim Aufwachen am Morgen einige Zeit brauchte, um zu begreifen, wo er sich befand, und um sich an den bärtigen Fremden zu erinnern, der auf dem Bett lag. Dieser starrte ihn gerade mit leuchtenden Augen an.

»Vergib mir«, sagte der Bärtige mit schwacher Stimme, als er sah, dass der König wach war und ihn anblickte. »Ich kenne dich nicht, und ich habe dir nichts zu vergeben«, antwortete der König. »Du kennst mich nicht, aber ich kenne dich. Ich bin dein Feind. Und ich schwor, mich an dir zu rächen, weil du meinen Bruder getötet hast und mir meinen Besitz genommen. Ich wusste, dass du alleine losgegangen warst, um den Einsiedler zu finden, und ich beschloss, dich auf dem Rückweg zu töten. Doch als der Tag verstrich und du nicht zurückkehrtest, verließ ich mein Versteck, um nach dir zu suchen. Dabei stieß ich auf deine Ritter. Sie erkannten mich, fielen über mich her und verwundeten mich. Ich konnte ihnen entkommen, aber ich wäre verblutet, wenn du dich nicht um meine Wunde gekümmert hättest. Ich hatte vor, dich zu töten, und du hast mein Leben gerettet. Wenn ich nun am Leben bleibe, will ich, wenn du es wünschest, dir als dein treuester Sklave dienen und meine Söhne dazu anhalten, das gleiche zu tun. Vergib mir.« Der König war froh, sich mit seinem Feind so leicht versöhnen zu können, und er vergab ihm nicht nur, sondern versprach, ihm seinen Besitz zurückzugeben und seine eigenen Ärzte und Chirurgen zu schicken, damit sie sich um ihn kümmerten.

Nachdem der König den Verwundeten verlassen hatte, ging er hinaus und suchte den Einsiedler. Bevor er ging, wollte er ihn ein letztes Mal um die Beantwortung seiner drei Fragen bitten. Der Einsiedler lag auf den Knien im Hof und säte Samen in die Beete, die am Tag davor gegraben worden waren. Der König näherte sich ihm und sagte: »Zum letzten Mal, weiser Mann, bitte ich dich, mir meine Fragen zu beantworten.« »Aber du hast schon Antwort bekommen«, sagte der Einsiedler, der auf seinen dünnen Unterschenkeln hockte und zu dem König aufblickte, der vor ihm stand. »Inwiefern habe ich denn eine Antwort bekommen?« fragte der König. »Inwiefern?« wiederholte der Einsiedler. »Hättest du dich gestern nicht meiner Schwäche erbarmt und diese Beete für mich gegraben, statt allein zurückzukehren, hätte jener Mann dich überfallen, und du hättest es bedauert, nicht bei mir geblieben zu sein. Deswegen war die wichtigste Zeit die Zeit, als du die Beete grubst. Ich war der wichtigste Mensch, und das wichtigste Ziel war es, mir Gutes zu tun. Und später, als jener Mann zu uns gelaufen kam, war die wichtigste Zeit die Zeit, in der du ihn versorgt hast. Denn wenn du seine Wunde nicht verbunden hättest, wäre er gestorben, ohne Frieden mit dir zu schließen. Deswegen war er der wichtigste Mensch, und was du für ihn tatest, war die wichtigste Tat.«

Denke also daran: Es gibt nur eine wichtige Zeit: JETZT! Sie ist so wichtig, weil es die einzige Zeit ist, wo wir Herr über uns sind. Der wichtigste Mensch ist der, mit dem wir gerade zusammen sind. Denn niemand kann wissen, ob du jemals wieder mit einem anderen Menschen etwas zu tun haben wirst. Und das wichtigste Ziel ist, Gutes für ihn zu tun. Denn allein zu diesem Zweck ist der Mensch in dieses Leben geschickt worden.

Berufung: Vom Talent bis zur Bestimmung

So wie der Einsiedler in der Zurückgezogenheit seiner Berufung folgte, folgte der König seinem Weg mitten in der Welt. Es gibt also unterschiedlichste Arten und Ausdrucksformen der Berufung, von der Umsetzung eines Talentes bis hin zum Gehorchen einer inneren Stimme (Bestimmung). Im Folgenden seien beispielhaft einige Formen und Merkmale der Berufung genannt:

✳ Voraussetzung für die Ausübung einer Berufung ist, dass wir einen passenden »Rahmen«, den Ort, die Personen und Umstände und den richtigen Zeitpunkt dafür finden oder selbst schaffen.

✳ »Berufung ist das zu tun, was uns am Herzen liegt«, unabhängig davon, ob die Berufung ein Beruf oder ein Hobby ist, ob ich damit ganz oder teilweise meinen Lebensunterhalt finanzieren kann oder nicht. Wichtig ist allein der Weg in die Richtung auf die Berufung hin, da die Richtung das Leben verändert, ihm einen Sinn gibt oder einen roten Faden darstellt, der als Orientierungslinie dient, wenn ich an Kreuzungspunkten im Leben stehe. Geistige Berufe wie Priester, Mönch oder auch Lehrer, Ärzte und Krankenschwestern zählen hierzu.

✳ Ein Weg vom Beruf zur Berufung ist der Weg, den Beruf mit Liebe zu erfüllen. Es kommt nicht darauf an, was ich tue, was mein Beruf ist, sondern wie ich ihn ausführe, dass ich ihn mit Freude, Liebe oder Hingabe ausübe, dass ich mich am Menschen orientiere. So gibt es zum Beispiel Sekretärinnen, von denen gesagt wird, sie seien die Seele des Hauses. Es gibt LehrerInnen, denen das Wohl ihrer Schüler und ihre Tätigkeit so sehr am Herzen liegen, dass sie weit über die erzieherischen Aufgaben hinaus persönliches Engagement in ihre Arbeit einbringen. Ebenso gibt es Manager und Unternehmer, die immer für ihre Mitarbeiter ein offenes Ohr haben und über die Betriebsergebnisse hinaus die Entwicklung ihrer Mitarbeiter fördern.

✳ Das Entwickeln eigener Begabungen und Talente ist ein wichtiger Schritt auf dem Weg zur Berufung. Eine einfache Formulierung lautet: »Gaben sind Aufgaben.« Wie kann ich meine Gaben pflegen und weiter entwickeln, damit sie nicht verkümmern? Wo werden meine Talente gebraucht? (Siehe dazu die Kapitel *Die eigenen Talente und Begabungen erkennen* und *Vorgehensweise für einen Positionswechsel: Schritte auf dem Weg zur eigenen Berufung.*)

✳ Ausnahmen sind Menschen, die mit einem überragenden und eindeutigen Talent auf die Welt kommen, wie zum Beispiel

Wolfgang Amadeus Mozart. Hier zeigt sich die Berufung von frühester Kindheit an.

✳ Manchmal reicht die Ausübung der Berufung allein nicht aus, um den Lebensunterhalt zu sichern. Dies trifft bei manchen Künstlern oder Menschen mit anderen Begabungen zu. Die Aufgabe besteht dann darin, einerseits den Lebensunterhalt zu verdienen und andererseits dem inneren Ruf folgend den passenden Rahmen für die Berufung vorzubereiten, was sich über viele Jahre erstrecken kann.

✳ Zur Berufung gehören neben dem Sich-zur-Verfügung-Stellen für eine Aufgabe auch Glück oder Gnade. Das Ergebnis einer Berufung ist die Verbesserung von bestehenden Situationen und Umgebungen durch die eigenen Anstrengungen. Dadurch wird ein Beispiel für andere gegeben.

✳ Die Quelle einer wahren Berufung liegt tief im Herzen des Menschen verborgen, oft zugeschüttet von mühsamen Anstrengungen, den Gesetzen der Welt, den Erwartungen unserer Umgebung und unseren eigenen Wunschvorstellungen zu entsprechen. Wenn wir oft genug gesehen haben, welchen Illusionen wir nachgegangen sind, werden wir offener für die innere Stimme. Dem inneren Ruf folgend finden wir zurück zu unserer Bestimmung im Leben.

✳ Es gibt eine Form der Berufung, die sich im Laufe des Lebens schrittweise entwickelt, das heißt ich muss bereit dafür sein, dem Ruf zu folgen und die Aufgaben, die ungefragt auf mich zukommen bzw. die das Leben mir stellt, als Berufung anzunehmen. Wenn ich dann mit Freude erfüllt bin, nachdem ich die Aufgabe ausgeführt habe, ist es ein Zeichen für mich, dass ich meine Berufung spüre.

Was ist meine Lebensaufgabe oder Berufung?

Die Antwort auf diese Frage liegt im Innern meines Herzens verborgen oder sogar verschüttet. Oft habe ich von Jugend an das, was ich liebend gern getan hätte, nicht getan, weil Eltern, Freunde oder meine Umgebung andere Vorstellungen hatten. Es kann auch sein, dass ich keinen Weg gesehen habe, um diesen Wunsch umzusetzen, oder mir wurden erst im Laufe des Lebens meine Begabungen bewusst.

So ist dieser Prozess der Bewusstwerdung meiner Gaben und Talente oft ein Abenteuer, das mit einer Schatzsuche vergleichbar ist. Wie das Abziehen der verschiedenen Häute einer Zwiebel wird es mir von Schritt zu Schritt klarer, was ich eigentlich will, worin meine Berufung liegt.

Wenn ich der Frage nach der Lebensaufgabe oder Berufung näher komme, werden Fragen zum notwendigen »äußeren Rahmen« und den Umsetzungsmöglichkeiten wichtiger. Übungen, um Ihren persönlichen Talenten und Begabungen näher zu kommen und erste Schritte der Umsetzung zu tun, finden Sie im Kapitel *Neue Berufs- und Lebensperspektiven entwickeln* am Ende des Buches.

Hilfreich und klärend ist es, sich einmal folgende Fragen zu beantworten: Wo ist mein Platz? (Der physische Ort, an dem ich arbeite oder lebe, hat eine Auswirkung auf meine innere Harmonie und mein körperliches und seelisches Wohlbefinden.)

* An welchem Ort möchte ich leben? In welcher Region? In welcher Stadt? In einer Groß- oder Kleinstadt oder auf dem Land?
* Wo möchte ich arbeiten? In einem großen oder kleinen Unternehmen? In welchem Wirtschaftszweig?
* Möchte ich vorwiegend alleine oder in einem Team arbeiten?
* Wie stelle ich mir den Arbeitsplatz und die Arbeitsplatzumgebung konkret vor?

✳ Die Beschäftigung mit den eigenen Talenten, Fähigkeiten und Interessen ist die eine Seite der Medaille. Die andere Seite ist jedoch genau so wichtig:

✳ Was braucht der »Markt«?

✳ Wo kann ich mich einbringen?

✳ Wo gibt es Arbeit?

✳ Welcher Art sind oder werden Tätigkeiten sein, die gebraucht werden?

✳ Welche Erfahrung und Qualifikation bringe ich mit, um diese Aufgaben zu lösen?

✳ Werden zusätzliche Qualifikationen gefordert, muss ich meine Talente und Begabungen weiter entwickeln oder kann ich sie durch Kooperation von anderen ergänzen lassen?

Stellenwechsel: Eine CHANCE auf dem Weg zur eigenen Berufung

Ein Stellenwechsel, insbesondere, wenn er ungewollt oder unerwartet ist, kann unser Gefühlsleben tief beeinflussen. Die nebenstehende Grafik, die den Gefühlsverlauf während eines Stellenwechsels mit allen Höhen und Tiefen darstellt, spricht für sich selbst. Wenn unser Gefühlsleben so tief beeinflusst werden kann, müssen wir uns fragen, ob wir die negativen Auswirkungen einer solchen Krise vermindern können. Die beste Art, sich zu schützen, ist die Vorbereitung. Wann immer sich ein beruflicher Wechsel ergibt, kann er statt einer Krise eine Gelegenheit werden, mich meiner Berufung schrittweise zu nähern. Dies setzt voraus, dass ich innerlich und äußerlich darauf vorbereitet bin. Wenn ich weiß, in welche Richtungen sich meine Wege beruflich und privat entwickeln können, kann ich einer Veränderung zuversichtlich entgegen sehen. Ich kenne meine Fähigkeiten und Qualifikationen, meine Interessen und Begabungen und weiß auch

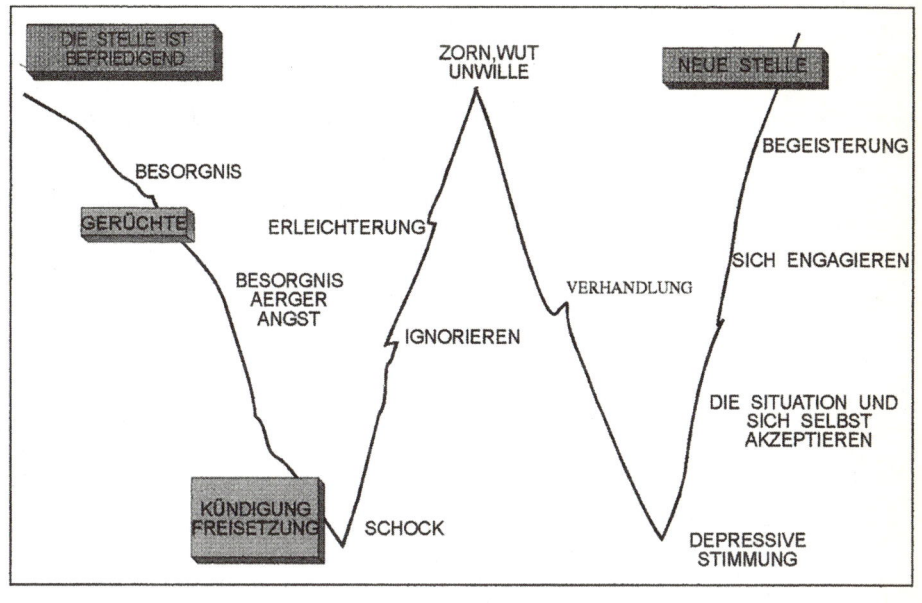

Gefühlsablauf beim Stellenwechsel
Quelle: DBM

über die Anforderungen des Marktes, das heißt einer Arbeitsstelle, einer Abteilung, eines Unternehmens oder eines Wirtschaftszweiges Bescheid. Ich bereite mich auf die Gespräche mit Vorgesetzten vor und tausche mich mit anderen aus, die selbst schon solche Veränderungen erlebt haben. Ich habe Vorstellungen davon, wie mein weiterer Berufs- und Lebensweg aussehen könnte. In den konkreten Gesprächen erfahre ich dann, wie viel sich von meinen Vorstellungen realisieren lässt. Eine konkrete Handlungsanleitung für die Nutzung eines Arbeitsplatzwechsels als Chance auf dem Weg zur eigenen Berufung und Lebensaufgabe wird auf den Seiten 121 bis 124 vorgestellt.

Karriere und Berufung

Eine Karriere steht nicht notwendigerweise im Gegensatz zu Berufung. Sie können sich decken oder zeitlich auf einander folgen. Ich kann mit einer Karriere meine berufliche Laufbahn beginnen und mit einer Berufung beenden. Der wesentliche Antrieb bei einer Berufung ist die Motivation, die Aufgabe, die ich erkenne zu erfüllen.

WER AUFRICHTIG NACH DEM WAHREN ZWECK
SEINES LEBENS SUCHT,
NACH DEM SUCHT DIESER ZWECK SELBER.

Hazrat Inayat Khan

Familie und Berufung

Können die Aufgaben, die sich Mann und Frau in einer Familie oder Partnerschaft stellen, eine gemeinsame Berufung sein? Zu der Verantwortung für das eigene Leben kommt die Mitverantwortung für den jeweiligen Partner und die nächste Generation. Eine solche Gemeinschaftsaufgabe – die Erziehung von Kindern – bildet das zukünftige Fundament für die Menschen in unserer Gesellschaft. Vielleicht helfen Ihnen die nachfolgenden Fragen, für sich mehr Klarheit zu bekommen:
Welche Bedeutung geben wir der Rolle von Mutter und Vater? Welches Verhältnis haben wir zu unseren Eltern? Was haben sie gut gemacht? Hätten sie etwas besser machen können? Können wir ihnen gegenüber dankbar sein? Können wir würdigen, was unsere Eltern und Vorfahren für uns getan haben? Was ist mit Erziehung gemeint? Wie wollen wir unsere eigenen Kinder erziehen?

Die amerikanische Schriftstellerin Dorothy Law Nolte beschreibt es so:

»Kinder lernen das, was sie selbst erfahren:

Wenn Kinder Kritik erfahren, werden sie später verurteilen.

Wenn Kinder Feindseligkeit erleben, werden sie sich schlagen.

Wenn Kinder lächerlich gemacht werden, werden sie scheu sein.

Wenn Kinder Beschämung erfahren, werden sie sich schuldig fühlen.

Wenn Kinder Duldsamkeit erfahren, werden sie geduldig sein.

Wenn Kinder Ermutigung erfahren, werden sie Vertrauen haben.

Wenn Kinder Lob erfahren, werden sie auch andere anerkennen.

Wenn Kinder mit Fairness behandelt werden, lernen sie Gerechtigkeit.

Wenn Kinder in Geborgenheit aufwachsen, werden sie Glauben haben.

Wenn Kinder Anerkennung erfahren, werden sie Selbstachtung haben.

Wenn Kinder akzeptiert werden und Freundschaft erfahren, werden sie Liebe in der Welt zu finden wissen.«

Erziehung zum Beruf oder Leben?

Das Wort Erziehung stammt aus dem Lateinischen »educare«, was einfach ausgedrückt so viel wie »herausziehen« heißt. Was können wir anderes aus einem Kind oder einem Menschen herausziehen, entwickeln als seine innere Vollkommenheit oder seine Talente und Begabungen? Etwas aus einem anderen herausziehen setzt voraus, dass ich genügend Vertrauen in mich selbst habe und dass ich *hin-hören* kann auf das, was im anderen verborgen ist. Jegliche Vorstellung von Konzepten, Meinungen und Systemen wird mich dabei behindern. Wenn ich feinfühlig und feinhörig werde – mit dem Herzen hören lerne –, kann ich wahrnehmen, was sich in meinem Gegenüber nach Verwirklichung sehnt, ihn motiviert, in ihm ruft.

Von den Kindern

Und eine Frau, die einen Säugling an der Brust hielt,
sagte: Sprich uns von den Kindern.
Und er sagte:
Eure Kinder sind nicht eure Kinder.
Sie sind die Söhne und Töchter der Sehnsucht des Lebens
nach sich selber.
Sie kommen durch euch, aber nicht von euch,
Und obwohl sie mit euch sind, gehören sie euch doch nicht.
Ihr dürft ihnen eure Liebe geben, aber nicht eure Gedanken,
Denn sie haben ihre eigenen Gedanken.
Ihr dürft ihren Körpern ein Haus geben,
aber nicht ihren Seelen,
Denn ihre Seelen wohnen im Haus von morgen, das ihr
nicht besuchen könnt, nicht einmal in euren Träumen.
Ihr dürft euch bemühen, wie sie zu sein, aber versucht
nicht, sie euch ähnlich zu machen.
Denn das Leben läuft nicht rückwärts,
noch verweilt es im Gestern.
...
Khalil Gibran: Der Prophet

Berufstätig und Vater sein

Welche Orientierungspunkte gibt es für einen Mann, der sich neben dem Beruf für die Rolle eines Vaters entscheidet? Eine solche Entscheidung führt zu zwei neuen menschlichen Beziehungsmöglichkeiten und Aufgaben: Die Vater-Sohn- oder Vater-Tochter-Beziehung. In beiden Fällen ist der Vater der erste Mann, der durch sein Wesen, seine Einstellungen, sein Verhalten und seine Präsenz den Kindern ein Bild mit auf den Weg gibt. Dabei haben mich zwei Aussagen am meisten geprägt. Die eine stammt von Sankaracharya, einem indischen Philosophen. Sie geht davon aus, dass die Entwicklungsphasen von Kindern folgendermaßen verlaufen: »Die Kinder spielen bis zum Alter von etwa sieben Jahren, gib ihnen Deine Liebe. Von sieben bis vierzehn suchen sie Orientierung im Leben, zeige ihnen Ordnung, Rhythmus und Grenzen. Ab 14 Jahren betrachte sie als Deine Freunde.«

Die Grundlage für die Lebensschule unserer Kinder wird demnach bis zum vierzehnten Lebensjahr gelegt. Die frühen Kindheitsjahre hinterlassen die tiefsten Eindrücke. Kinder lernen sich in dieser Zeit selbst kennen durch die Erfahrungen, die sie mit den Menschen in ihrer Umgebung machen. Damit werden erste Grundmuster von Mann, Frau und Menschsein in den Kindern geprägt. Die Rolle des Vaters kann sich somit an den Entwicklungsstufen des Kindes und ihrer damit verbundenen Bedürfnisse orientieren.

Die zweite Aussage trage ich als Bild eines Töpfers in mir: Er begleitet mit einer Hand das Entstehen des »Gefäßes« von innen, mit der anderen Hand von außen. Die innere Hand ist Liebe und Respekt, die äußere Hand beschützt, trägt, hält und setzt Grenzen. Beide Hände und Augen fühlen und beobachten dabei aufmerksam mit einander, was das Kind braucht, was es hervorbringen und wie es wachsen will.

Als Vater bin ich ein Orientierungspunkt für Kinder in der Art und Weise, wie ich lebe und arbeite, wie ich mit Veränderungen und Konflikten umgehe, wie ich die Kinder annehme, akzeptiere und unterstütze.

Das Wichtigste in der Vaterrolle ist für mich Güte, immer wieder vertrauen und verzeihen lernen. Dies kann ich umso besser, je ausgeglichener und entspannter ich bin und je mehr ich mich selbst kennenlerne.

So ist es für Väter eine der wichtigsten Herausforderungen, ihren Kindern, der Familie und den Freunden immer wieder genügend (quantitativ und qualitativ) Zeit für Gespräche und Beisammensein zu geben.

Existenzkampf und Vertrauen als Geschenk

Der Weg vom Beruf zur Berufung hat, wie im Symbol der Schnecke dargestellt, grundsätzlich zwei Abschnitte: den Weg nach innen, um herauszufinden, was meine Lebensaufgabe und Berufung ist und den Weg nach außen, um die Aufgabe umzusetzen. Beide Wege finden im Lebensalltag statt und es wäre kaum denkbar, dass sie woanders stattfinden, es sei denn, ich entscheide mich für den Weg eines Mönchs oder Einsiedlers. Mehrmals habe ich vor Situationen gestanden, an denen ich nicht weiter wusste, an der Schwelle der Existenz. Ich habe mich immer wieder gefragt, warum dies geschehen musste? Jedes Mal ging der Weg jedoch unerwartet weiter.

Ich möchte im Folgenden nun den Versuch unternehmen, meiner inneren Zerrissenheit während solcher Krisen Ausdruck zu verleihen.

Es kamen Dinge hoch wie »Stirb und werde«; Angst vor dem Tod; Existenzangst; Furcht vor Auslöschung; Furcht, ich sei mein Beruf, meine Stellung. Dabei geht es in diesen Krisen weniger um Existenz, vielmehr geht es darum, sich vom Leistungszwang zu lösen und die Furcht zu überwinden. Wovor habe ich Angst oder Furcht? Kann ich etwas verlieren? Was? Geld, Titel, Ansehen, Gesundheit, Leben? Was bedeutet Existenz? Schließlich geht es um meine Sicht des Lebens, meine Position oder Stellung im Leben (wie und wo sehe ich mich in der Welt, wo sehe ich meinen Platz, meine Aufgabe), um das Aufgeben meiner sogenannten »Berufung«, meiner Lebensaufgabe. Was kommt dann? Was hat das Leben dann noch für einen Sinn? Kann ich vertrauen? Kann ich meine Furcht vor Existenzangst, vor »Tod« und Gesichtsverlust durch Vertrauen überwinden? In was vertraue ich – in das Absolute, in Gott? Wer oder was ist das Absolute, Gott? Was wird mir genommen an Identifikation, an Verhaftung, an Sentimentalität, an Täuschung? Habe ich eine Wahl? Bleibt eine Alternative? Der

Glaube an die Machbarkeit hört auf, die Gewissheit in die Möglichkeit des Dienens beginnt: »Die Bedürfnisse des Augenblicks erfüllen.« Goethe nennt es »die Forderung des Tages erfüllen«. In den wieder gefundenen Schriften der Essener heißt es: »Das einzige, was mir gehört, ist das Königreich in mir.« Kenne ich dieses Königreich? Wer zeigt mir den Weg dorthin? Bin ich bereit, dafür Raum zu schaffen? Bin ich bereit, mich von meinen Vorstellungen, Meinungen, Gedanken, Besitztümern, Beziehungen, Erfolgen und Misserfolgen zu lösen, mich nicht damit zu identifizieren? Heißt »nicht identifizieren«, dass ich sie nicht als mir gehörend, sondern als Teil eines Ganzen betrachten lerne, die mir – wann immer ich sie brauche – als Geschenk oder Aufgabe anvertraut werden? Was bleibt dann noch von mir? Leere? Nichts? Unsicherheit? Dunkelheit? Stille?

Wer bin ich? Bin ich bereit, als Teilhaber, als Mensch am Geschenk des Lebens teilzunehmen, als Aufgabe oder Herausforderung anzunehmen, was auf mich zukommt, auch das Unbekannte, Ungesuchte, Ungefragte, alles? Ja, ich bin bereit.

Am Ende einer innigen Beziehung waren mir folgende Worte von Rainer Maria Rilke ein Trost: »Man muss nie verzweifeln, wenn einem etwas verloren geht, ein Mensch oder eine Freude oder ein Glück; es kommt alles noch herrlicher. Was abfallen muss, fällt ab; was zu uns gehört, bleibt bei uns, denn es geht alles nach Gesetzen vor sich, die größer als unsere Einsicht sind und mit denen wir nur scheinbar im Widerspruch stehen.«

Wenn ich heute mit Verlust oder Niederlage konfrontiert werde, sind mir diese Worte Ansporn für einen Neubeginn.

So wünsche ich auch Ihnen, dass Verlust, Niederlage und Misserfolg trotz (oder vielleicht wegen) der Schmerzen der Anfang und die Geburtsstunde von immer wieder neuen Perspektiven für Ihren Beruf und für Ihr Leben sein werden.

Die wahre Berufung

Die wahre Berufung finden wird mit den unterschiedlichsten For-
mulierungen beschrieben, zum Beispiel mit *das Königreich in mir
finden.* Ist dies der wahre Sinn meines Lebens? Angelus Silesius
sagt es so: »Wär Christus tausend Mal in Bethlehem geboren und
nicht in dir, du bliebst doch ewiglich verloren.« Von welcher Kraft
spricht Angelus Silesius, wenn er von Christus spricht? Er sagt
»diese Kraft kann in mir geboren werden!« Bis dahin bin ich auf
der Suche nach einem seelischen Gleichgewicht, nach Kräften in
mir, aus denen heraus ich meine Lebenssituationen meistern kann.
In der Gralssage werden die Höhen und Tiefen eines solchen Weges
beschrieben. Nachdem ich das Ziel, das Königreich in mir oder
auch den »wahren Lehrer in mir« gefunden habe, begebe ich mich
als »neuer Mensch« in das Leben. Was ist das Neue, das verloren
Geglaubte? Ich habe Selbstvertrauen und Gelassenheit wiedergefunden, die Rückverbindung (religio) mit meiner Seele, meiner
inneren Stimme. Was bleibt, ist das Verlangen meiner Seele nach
Einheit mit dem Ewigen, dem Einklang mit dem Selbst, mit Gott.

SELBSTVERTRAUEN WIRD IN IHREM HERZEN GEBOREN,
WENN SIE DEM INNEREN RUF FOLGEN.
SELBSTVERTRAUEN IST DIE RUHE, DIE NOTWENDIG IST,
DAMIT DER WEG IN RICHTUNG
AUF IHRE LEBENSAUFGABE UND IHRE WAHRE BERUFUNG
ZIELGERICHTET UND HARMONISCH VERLÄUFT.

Hajo Noll

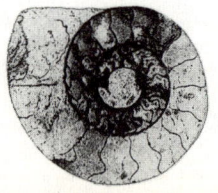

Beziehungsfähigkeit und heilsame Beziehungen durch innere Selbständigkeit

➤ *In diesem Kapitel erwartet Sie:*
Wie entstehen heilsame Beziehungen? – Beziehungsfähigkeit entwickeln
– Die Engel als Helfer – Bindende Elemente in Beziehungen

> Die Welten werden durch die Wärme
> der Sonne zusammengehalten.
> Wir alle sind Atome und werden durch die ewige Sonne,
> die wir Gott nennen, an unserem Standort festgehalten.
> In uns findet sich die selbe zentrale Kraft,
> das Licht oder die Liebe Gottes,
> mittels der wir die Menschen in unserer Sphäre
> zusammenhalten oder in Ermangelung derer
> wir sie fallen lassen.
>
> Hazrat Inayat Khan

Wie entstehen heilsame Beziehungen?

Im Leben eines jeden Menschen, auch wenn er in einer harmonischen Beziehung lebt, gibt es Phasen, in denen er sich in eine selbst gewählte Klausur begibt, um innere oder äußere Situationen zu verarbeiten und eine Neuorientierung vorzubereiten. Im Rahmen dieser Ausführungen stellt zum Beispiel die Gefährdung oder der Verlust des Arbeitsplatzes und der damit in Verbindung stehende Rückgriff auf die Beziehungen eine mögliche Krisensituation dar. Es stellt sich dann die Frage, ob die bestehenden Beziehungen noch Tragfähigkeit haben: Bleibt die Verbindung zu Arbeitskollegen und Freunden bestehen, trägt die Familie die auftretenden

Veränderungen oder stehe ich mit der neuen Situation allein da?
Wenn wir davon ausgehen, dass Beruf und menschliche Beziehungen im Einklang mit der inneren Entwicklung, dem Körper und der Natur stehen sollten, dann stellt sich die Frage, wie ich in Beziehung zu mir selbst und meinen Mitmenschen stehe und wie ich diese Beziehungen pflege. Heilsam in einer Beziehung ist, wenn ich mich angenommen fühle und verstanden weiß. Ich kann jedoch nicht in der Erwartung leben, diese Anerkennung und das Gefühl des Angenommenseins von anderen zu erhalten. Dies würde zu endlosen Enttäuschungen führen. Die Grundlage für heilsame Beziehungen zu mir und anderen kann ich mir nur selber erarbeiten. Gelingt es uns, uns selbst zu heilen, können heilsame Beziehungen entstehen. Dann werden uns wichtige Weggefährten begegnen, die auch auf der Suche nach innerer Selbständigkeit und Beziehungsfähigkeit sind – und wir werden von einander und mit einander lernen zu wachsen.

Die wichtigsten Erfahrungen für das Sich-verstanden-Fühlen und Angenommensein erlebe ich in Gesprächen, in denen ich die Möglichkeit habe, meine innersten Fragen zu stellen, Gedanken und Fragen, die noch nicht durchdacht, geplant und ausgefeilt sind. In der Einleitung des Buches wurden im Baum des Lebens junge Triebe und Blüten gezeigt. Antworten auf diese Fragen, die mich im Innersten bewegen und die mir wachsen helfen, entstehen, wenn sie in dem geschützten Raum eines Gespräches mit Menschen, die mit dem Herzen hören, gestellt werden können. Indem ich andere an meinem Innenleben teilnehmen lasse, entsteht eine tiefe innere Beziehung und Vertrauen. Diese Gespräche, diese Kunst des Hinhörens ohne Bewertung und ohne den Wunsch, dem anderen die eigenen Antworten zu geben, erfordert innere Ruhe und Gelassenheit. Wenn ich anderen Menschen mein Ohr schenke, helfe ich ihnen, sich selbst zu helfen.

Beziehungsfähigkeit entwickeln

Eine wichtige Voraussetzung, um beziehungsfähiger zu werden, ist meine Erwartungen an andere zurückzunehmen und mehr innere Selbständigkeit zu entwickeln. Selten kenne ich mich selbst gut. Nicht immer bin ich in der Lage, in Einklang mit meinen eigenen Gefühlen, Gedanken und Handlungen zu sein. Wie kann ich dann hoffen, mit anderen Menschen in Frieden zu leben? Beziehungsfähigkeit beginnt also dort, wo ich mich selbst kennen lerne, meine Licht- und Schattenseiten annehme und lerne, mit mir selbst in Einklang zu leben. Auf dem Weg zu diesem Ideal – mit Menschen die die gleichen Interessen haben – werde ich nicht nur fähig, mehr in Einklang mit mir selbst zu kommen, sondern auch wirkliche Beziehungen einzugehen. Dies gibt mir ein gutes Standbein, um die Höhen und Tiefen des Lebens besser zu meistern.

Die Hilfe der Engel

Als Grundlage für die Entwicklung von Beziehungsfähigkeit habe ich die Anrufungen der Engel sowie die Friedensbetrachtungen kennen gelernt. Diese helfen mir, in Einklang zu kommen mit meinem Körper, meinen Gefühlen und Gedanken, mit den Mitmenschen, der Natur und der Gesellschaft im Allgemeinen.
Die Engelkommunionen, die im Lebensbaum dargestellt sind, stammen aus der Zeit des Alten Testamentes. Es heißt, Moses erhielt sie in einer Offenbarung noch vor den zehn Geboten. Ich persönlich habe mit den Geboten hin und wieder meine Schwierigkeiten. Da in unserer Kultur das Nichteinhalten oder Nichtbefolgen von Geboten in starkem Maße mit Strafe und Schuldgefühlen verbunden ist, ist es mir wichtig einen neuen Umgang mit den

heiligen Schriften und religiösen Geboten zu finden. Ich wünschte mir, dass bei Nichteinhaltung der Gebote nicht auf Strafe abgezielt wird, sondern auf Verständnis, Mitgefühl und Hilfe. Rumi hat dies so beschrieben: »Komm, komm, wer immer du bist ... komm, auch wenn du deinen Schwur tausendfach gebrochen hast. Komm, und noch einmal komm, komm.«

Aus diesem Zitat spricht grenzenlose Liebe, die sich entwickeln lässt, wenn ich anfange, mich selbst lieben zu lernen. Eines der Fundamente dafür ist das Wissen, dass mir bereits *alles* mit auf den Weg gegeben wurde. Mit »alles« sind alle Kräfte des Himmels und der Erde gemeint. Ich bin mir dessen aber meist gar nicht oder nur selten bewusst. Durch die Anrufungen der Engel, die im Lebensbaum dargestellt sind, erinnere ich mich an diese Geschenke. Jeden Morgen wird eine der Kräfte der Natur, die durch einen Engel repräsentiert ist, angerufen.

Auf der folgenden Seite sind die Kommunionen mit den Engeln aufgeführt.

Die Einleitung am Morgen beginnt: »... mein Geist ist in Einheit mit dem Himmelsvater, mein Körper ist in Einheit mit der Erdenmutter, mein Herz ist in Harmonie mit meinen Brüdern, den Söhnen der Menschen...« (Anmerkung des Autors: In den alten Sprachen hat das Wort Bruder die Bedeutung des Eingebundenseins in eine Gemeinschaft von Männern und/oder Frauen. Wenn von Söhnen der Menschen gesprochen wird, so ist mit dem Wort Sohn die Nachfolgeschaft – dem inneren Ruf folgen – gemeint.)

Nach der intensiven Beschäftigung mit den Lehren der Essener mit einer Studiengruppe in Wiesbaden kann ich die Resultate für mich wie folgt beschreiben:

* Die Lehren der Essener führen mich zurück zu meinen natürlichen Wurzeln und geistigen Quellen.
* Es besteht eine Gleichwertigkeit und eine gegenseitige Ergänzung der Kräfte des »Himmlischen Vaters« (der geistigen Welt)

und der »Mutter Erde« (der Natur), des Weiblichen und des Männlichen.

✳ Durch neue Erfahrungen in der Natur lernte ich, der Erde als lebendigem Wesen zu begegnen und sie als Teil von mir selbst anzunehmen.

✳ Der Begriff »ganzheitlich« erlangt meines Erachtens seine volle Bedeutung, wenn ich auf dem Weg der Wiedervereinigung mit allen Kräften des Universums in mir bin, wie sie im Lebensbaum dargestellt sind.

✳ Durch tägliche »Friedensbetrachtungen« (Seite 61) mit allen Bereichen des Lebens finde ich mit der Zeit den Frieden in mir selbst und kann ihn in meine Umgebung ausstrahlen.

✳ Wichtigstes Resultat ist mir das Bewusstwerden eines »Inneren Netzwerkes« (einem Beziehungsgeflecht gleich), bestehend aus den Kräften der »geistigen Welt« und der »Natur«. In der Mitte des Lebensbaumes befinde ich mich als Mensch, der all diese Kräfte in sich trägt und sich durch tägliche Anrufung mit den Engeln daran erinnert. Die Engel helfen mir, die Verbindung mit diesen Kräften herzustellen. Durch das sich entwickelnde Bewusstsein, mit allen Kräften im Universum eins zu sein, beginne ich mein Urvertrauen zurückzugewinnen. Ich beginne zu erfahren, dass ich nicht abhängig von anderen bin, sondern dass ich anderen Menschen in Freiheit begegnen kann. Dadurch, dass ich in mir selbst mehr Ganzheit sehe, kann ich beziehungsfähiger werden.

FREITAGABEND
Der Himmliche Vater
und ich sind EINS

DONNERSTAGABEND
Engel der Weisheit,
geh ein in meinen
Gedankenkörper und
erleuchte all meine
Gedanken.
HÖHERE GEDANKEN

SAMSTAGABEND
Engel des Ewigen Lebens,
geh in mich und gib
meinem Geist das
ewige Leben.
SCHWERKRAFT
Höhere Planeten

MITTWOCHABEND
Engel der Liebe,
geh ein in meinen
Gefühlskörper und
reinige alle meine
Gefühle.
HÖHERE GEFÜHLE

SONNTAGABEND
Engel der Schöpferischen
Arbeit, geh ein in die
Menschheit und gib allen
Menschen in Fülle.
BIENEN
Schöpferische Arbeit

DIENSTAGABEND
Engel der Kraft,
geh ein in meinen
handelnden Körper
und leite alle meine
Taten.
STERNE
Kosmische
Lebenskräfte

MONTAGABEND
Friede, Friede, Friede,
Engel des Friedens,
sei immer überall.
MOND
Innerer Frieden

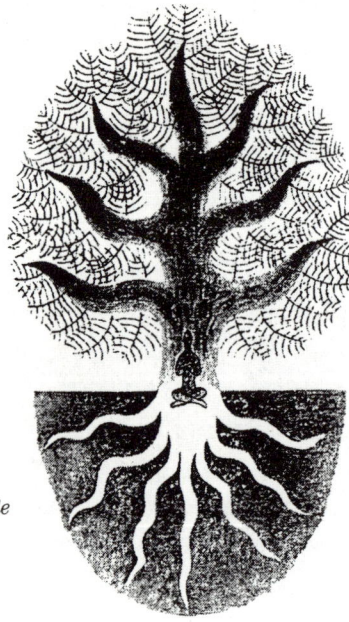

DIENSTAGMORGEN
Engel der Freude,
komm herab auf die Erde
und bringe Schönheit
allen Geschöpfen.
HARMONIE

MITTWOCHMORGEN
Engel der Sonne,
gehe ein in mein
Sonnenzentrum und bring
das Lebensfeuer meinem
ganzen Körper.
SONNENSTRAHLEN

MONTAGMORGEN
Engel des Lebens,
komme in meine Glieder
und gib meinem
ganzen Körper Stärke.
BÄUME
Vitalität

DONNERSTAGMORGEN
Engel des Wassers,
geh ein in mein Blut
und gib das Wasser
des Lebens
meinem ganzen Körper.
FLÜSSE, SEEN, GEWÄSSER
Kreislauf

SONNTAGMORGEN
Engel der Erde,
ströme in meine
Sexualorgane und
regeneriere meinen
ganzen Körper.
HUMUS
Wachstum

SAMSTAGMORGEN
Die Mutter Erde
und ich sind EINS.
Sie gibt die Nahrung
des Lebens meinem
ganzen Körper.
ERNÄHRUNG

FREITAGMORGEN
Engel der Luft,
geh ein in meine Lungen
und gib die Luft
des Lebens meinem
ganzen Körper.
ENERGIEN DER
ATMOSPHÄRE Atem

Der Lebensbaum der Essener mit den Morgen- und Abendkommunionen

Neben den Anrufungen am Morgen und Abend strebten die Urchristen durch »Die Friedensbetrachtungen« an jedem Mittag eine Basis für den Einklang des Menschen mit sich selbst, seiner Familie und Freunden, mit der Kultur und der Menschheit sowie mit den Kräften der Natur und des Geistes an. Sie lauten wie folgt:

Montag, Friede mit der Kultur: Vater unser, der Du bist im Himmel, sende allen Deinen Engel des Friedens; und unserem Wissen den Engel der Weisheit.

Dienstag, Friede mit der Menschheit: Vater unser, der Du bist im Himmel, sende allen Deinen Engel des Friedens; und der Menschheit den Engel der Arbeit.

Mittwoch, Friede mit der Familie (Gefühlskörper): Vater unser, der Du bist im Himmel, sende allen Deinen Engel des Friedens; unserer Familie und Freunden den Engel der Liebe.

Donnerstag, Friede mit dem Geist (Mentalkörper): Vater unser, der Du bist im Himmel, sende allen Deinen Engel des Friedens; und unserem Geiste den Engel der Kraft.

Freitag, Friede mit dem Körper (physischer Körper): Vater unser, der Du bist im Himmel, sende allen Deinen Engel des Friedens; und unserem Körper den Engel des Lebens.

Samstag, Friede mit dem Reich des Himmelsvaters: Vater unser, der Du bist im Himmel, sende allen Deinen Engel des Friedens; und Deinem Reich, Himmlischer Vater, Deinen Engel des ewigen Lebens.

Sonntag, Friede mit dem Reich der Erdenmutter: Vater unser, der Du bist im Himmel, sende allen Deinen Engel des Friedens; und dem Reich der Mutter Erde den Engel der Freude.

Bindende Elemente in Beziehungen

In den menschlichen Beziehungen gibt es bindende Elemente, so erklärt es Sankaracharya, ein Heiliger und Weiser aus Indien. Sie können sich ausdrücken in Form von Liebe, Anhänglichkeit (Bindung) oder Hörigkeit (Knechtschaft). Welches Element bindet uns? Welche Voraussetzung können wir für eine liebevolle Beziehung schaffen? Ein wichtiges *Bindemittel* in Beziehungen sind lebendige gemeinsame Interessen und das Interesse für einander. Unsere Interessen führen uns mit den Menschen und Situationen zusammen, mit denen unsere wahren Interessen verwirklicht werden können. Was sind meine eigenen Interessen, wo finde ich Menschen, die meine Interessen teilen?

Im Beruf und auf einem inneren Entwicklungsweg begegnen wir Menschen, die gleiche oder ähnliche Interessen haben. Mit den Menschen, die uns auf dem inneren Entwicklungsweg begegnen, teilen wir ein Herzensanliegen, das Anliegen, mit uns selbst und anderen in Einklang zu kommen. Dieses gemeinsame Anliegen kann zu einer gegenseitigen Kraftquelle und zu einer tragenden Säule in unserem Beziehungsleben werden.

Innere Kräfte als Wegweiser für Beruf und Beziehungen

➤ *In diesem Kapitel erwartet Sie:*

Die Entwicklung der inneren Kräfte: Der Versuch einer Begriffsbestimmung – Das Wichtigste: innere Ruhe finden – Die Entwicklungsphasen des menschlichen Lebens – Die Notwendigkeit (m)einer inneren Erneuerung – Der Weg nach innen: Wegweiser für Beruf und Beziehungen – Die innere Entwicklung als verbindende dritte Kraft – Spuren meines eigenen Weges – »Die sieben freien Künste« – Vedanta-Philosophie – »Bewusstheit durch Yoga« von Karina Martinelli

Das Labyrinth der Kathedrale von Chartres
als Symbol für den Weg in die eigene Mitte.

WAS VOR UNS LIEGT UND WAS HINTER UNS LIEGT,
SIND KLEINIGKEITEN IM VERGLEICH ZU DEM, WAS IN UNS LIEGT.
UND WENN WIR DAS, WAS IN UNS LIEGT,
NACH AUSSEN IN DIE WELT TRAGEN, GESCHEHEN WUNDER.

Henry David Thoreau

Die Entwicklung der inneren Kräfte:
Der Versuch einer Begriffsbestimmung

Es braucht sehr viel Mut, Begeisterung und Durchhaltekraft
für eine Arbeit, die nicht direkt im materiellen Bereich seine
Früchte abwirft, weil es sich im Grunde bei dieser Arbeit
nicht um materielle Werte handelt ...
Dies kann der Mensch nur aus einem weiten Blick
und aus einem Glauben an die Richtigkeit seines Handelns,
wissend, dass es die Gedanken von heute sind,
die die Zukunft von morgen gestalten.

Hellmuth J. ten Siethoff

Nachdem Sie mich auf dem Weg vom Beruf zur Berufung und
der Entwicklung von Beziehungsfähigkeit begleitet haben, möchte
ich Sie einladen, dass wir unsere Aufmerksamkeit nun von außen
nach innen verlagern, wobei wir natürlich die Wechselwirkung
zwischen innen und außen nicht übersehen dürfen.
Was ist mit innerer Entwicklung gemeint: Persönlichkeitsentwick-
lung oder ein Seelenweg?
Im Wirtschaftsleben wird von der Vermittlung verschiedener Kom-
petenzen gesprochen (in Klammern einige Beispiele): fachliche
Kompetenz (Berufsausbildung oder Studium), methodische Kompetenz (Umgang mit Textverarbeitung oder Zeitmanagement),
Führungskompetenz sowie soziale und persönliche Kompetenz
(Rhetorik oder persönliche Eigenschaften wie Ausdauer, Geduld
und Gelassenheit).
Die innere Entwicklung dagegen ist ein jeweils individueller Seelenweg, den der Mensch aufgrund seines Alters, seiner Lebensein-
stellung und Erfahrung, seiner Lebensorientierung und Wertevor-
stellungen alleine oder mit anderen lebt. Hilfreich hierbei ist das

Wissen um die »Entwicklungsphasen des menschlichen Lebens«, die ab Seite 72 vorgestellt werden.

Was ist ein Seelenweg? Sich im Leben um unsere Seele sorgen; sich an unseren Ursprung, an das, was in unserer Kultur mit Gott gemeint ist, zu erinnern; der Weg der Seele nach unserem Tod? Ein Seelen- oder Schulungsweg eröffnet sich dem Suchenden, wenn er nach dem Sinn des Lebens fragt und sich die Frage stellt: »Wer bin ich?« Die Begegnung mit einem inneren Schulungsweg kann auch ganz unverhofft erfolgen, wenn die innere Wahrnehmung dafür offen ist, durch ein gutes Buch, einen Film, eine Begegnung oder wenn Lebenskrisen eintreten. Der Schulungsweg ist die Rück-verbindung mit einer lebendigen Tradition. In einer lebendigen Tradition werden die durch die voraus gegangenen Generationen erworbenen Weisheitslehren durch eine »Kette« von Lehrern und Schülern in Form einer »Einweihung« oder »Initiation« weiterge-geben.
R. Murshida Scholtz-Wiesner spricht von sieben Weltreligionen: Hinduismus, Buddhismus, Taoismus, zarathustrische Religion, he-bräische Religion, Christentum und die Religion des Islam. Die großen Religionen bestehen aus vielen Strömungen bis hin zu kleinen Gruppierungen, Bachläufen gleich. Alle münden mit ihren mystischen Dimensionen, großen Flüssen gleich, in einen Ozean, dem universellen Meer des Lebens. In diesem universellen Meer des Lebens und der Liebe treffen sich Brüder und Schwestern der verschiedensten Religionsgemeinschaften sowie einzelne Menschen auf dem Weg, auf der Ebene des Herzens. Sie haben das Trennende zwischen den Religionen und Menschen überwunden und sind sich der Gemeinsamkeit des einen Ursprungs bewusst geworden. Neben den großen geistigen Traditionen gibt es die verschiedenen Naturreligionen. Indianer oder afrikanische Völker finden den Zugang zu dem »großen Geist« über den Weg der Natur, der den meisten westlichen Menschen verloren ging.

Zusammenfassend möchte ich sagen, dass mir eine harmonische Entwicklung auf den vier Ebenen von Körper, Geist, Seele und Herz wichtig ist, wobei jeder Einzelne einen unterschiedlich guten Zugang – zum Beispiel über den Geist oder das Herz – finden kann.

Was ist das Ziel eines inneren Entwicklungsweges: Ausstieg, Synthese oder ein inneres Fundament für ein ganz normales Leben? Auf dem Weg ins eigene Seelenleben kann der Wunsch aufkommen, sich aus der Welt zurückzuziehen, für Augenblicke, Tage, Wochen, Monate und Jahre oder für immer. Sich vorübergehend oder für immer zurückzuziehen, sind Wege, wie sie von Nonnen, Mönchen oder Eremiten begangen werden.

G.I. Gurdjieff, P.D. Ouspensky und J.G. Bennet haben zu Anfang dieses Jahrhunderts einen Weg beschrieben und gelehrt, mit dem ich mich verbunden fühle. Sie nannten ihn *Der vierte Weg.* Dieser Weg in die »eigene Mitte« ist begehbar, während ich mitten in der Welt meinen Platz einnehme, als Manager oder Angestellter, Ärztin oder Sekretärin, Frau oder Mann, Sohn oder Tochter. Einer der wichtigen Ansätze des *vierten Weges,* den ich bereits im Kapitel *Beruf und Berufung* erwähnt habe, ist die Arbeit auf drei Ebenen: »Arbeit an sich selbst, mit anderen und für andere.«

Das Labyrinth der Kathedrale von Chartres ist ein Symbol für den Lebensweg in die eigene Mitte. Auf Seite 77 wird es in einer Übung noch ausführlich vorgestellt.

Welche inneren Entwicklungswege gibt es? Wie wähle ich den mir gemäßen Weg aus? Nach welchen Kriterien kann ich vorgehen? In den großen Religionen werden wir mit einem gemeinschaftlichen Aspekt des Weges vertraut gemacht, mit dem Weg einer Gemeinschaft von Gläubigen. Die individuellen Entwicklungs- oder Schulungswege der verschiedenen Religionen führen den einzelnen Menschen zurück zu den verborgenen mystischen Ursprüngen des

Lebens in sich selbst. Bei sich selbst angekommen heißt es, ist alle Trennung aufgehoben, hat der Mensch das Ziel des Lebens erreicht: Einheit, Harmonie oder Erleuchtung. *Die Geburt des Christus in mir*, würde man es in der christlichen Tradition nennen, im Rahmen dieses Buches: *die wahre Berufung.*

Die Frage, worin sich die Wege unterscheiden und wie die richtigen Personen auf den Wegen zu erkennen sind, ist nicht so einfach zu beantworten. Es heißt: »An ihren Früchten werdet ihr sie erkennen.« Was sind die Früchte, an denen wir etwas erkennen können? Wenn das Ziel der Religionen oder Philosophien die Hinführung der Menschen zum Ursprung ist, müssten die Fragen lauten: »Haben Menschen auf diesem Weg zu sich selbst gefunden«? Und: »Wie kann ich diese Menschen erkennen?« Als Maulana Dschelaladdin Rumi 1273 starb, kamen Christen, Hindus und Moslems gleichermaßen und bezeichneten ihn als einen der Ihren.

Der Mensch, so meine ich, ist nur wahrhaft lebensfähig, wenn die geistige Person lebendig ist, das heißt, wenn der Mensch den inneren Seelenweg beschreitet. In allen Religionen und auch außerhalb hat es Mystiker gegeben, die eine Synthese von Innen und Außen, von Natur und Geist gelebt haben. In der heutigen Zeit sind immer mehr Menschen auf dem Weg, auf der Suche nach der Ruhe in sich selbst, nach dem höheren Selbst, nach Religiosität, von welcher Glaubensrichtung sie auch immer dargeboten wird. Sie fragen sich: Wo finden wir in dieser Zeit Orientierungen, die wegweisend sind?

Wegweiser auf dem inneren Entwicklungsweg sind die Herzen von Menschen. Wenn Kirchen, Gemeinden, Gemeinschaften oder Familien von den Herzen der Menschen zu leuchten beginnen, dann sind dies untrügliche Anzeichen von Erneuerung. Wenn wir unsere inneren Kräfte entwickeln, schaffen wir damit eine geistig-seelische Grundlage für den Beruf und für die menschlichen Beziehungen.

Das Wichtigste – innere Ruhe finden

DAS WICHTIGSTE, WORAUF DU ACHTEN SOLLST,
IST DAS INNERE LEBEN;
WAHRES LEBEN IST DAS INNERE LEBEN,
DIE VERWIRKLICHUNG GOTTES.

Hazrat Inayat Khan

Das Wichtigste auf dem inneren Entwicklungsweg und in der spirituellen Arbeit ist die Erlangung innerer Ruhe. Wir leben in einer Zeit, in der sich Veränderungen immer schneller vollziehen. Wenn diese Geschäftigkeit sich verselbständigt, verlieren wir den Bezug zu unserem Menschsein. Ohne eine innere Verankerung verlieren wir die Übersicht und werden zum Spielball der Ereignisse, ohne dass wir bemerken, was geschieht und was uns verloren geht.
Wenn wir z.B. von Köln nach Frankfurt reisen wollen, können wir wandern; dabei lernen wir Landschaft und Leute kennen, erfahren das Klima und erleben die Entfernung, die Veränderung im wahrsten Sinne Schritt für Schritt. Hierfür brauchen wir einige Tage. Eine weitere Möglichkeit ist es, die Strecke per Fahrrad zurückzulegen. Wir erreichen unser Ziel schneller, die Eindrücke, die wir sammeln konnten, sind jedoch andere und oberflächlicher im Vergleich zu denen, die wir beim Wandern in uns aufgenommen haben. Wenn wir mit dem Auto in zwei Stunden die Strecke von Köln nach Frankfurt zurück legen, so haben wir zwar auch das Ziel erreicht, haben aber Gegebenheiten entlang der Autobahn im Vorbeifahren nur flüchtig gesehen und haben wenig wahrgenommen. Für die Entwicklung auf dem inneren Seelenweg gilt Ähnliches wie in obigem Beispiel. Je mehr Zeit ich mir für den Weg gebe, desto gravierender und bleibender sind die Spuren, die entstehen. Gefährten und Gleichgesinnte begleiten den Weg. Die Resonanz der Gespräche gibt dem Suchenden das Gefühl, angenommen und verstanden zu sein.

Ein Mensch, der den Weg zur eigenen inneren Ruhe noch nicht gegangen ist, weiß nicht, was ihm fehlt, versteht nicht, was sie bedeuten kann, versteht nicht, was darüber gesagt wird, kennt seine wahre Heimat und Kraftquelle noch nicht. Diese Kraftquelle liegt in jedem von uns, wir können sie nicht von jemandem bekommen oder gar kaufen, sie ist uns mit in die Wiege gelegt worden. Wenn wir sie frei gelegt haben, kann sie unser ständiger Begleiter werden und unser Lebensschiff auf Kurs halten.

Der ärgste Feind der inneren Ruhe ist die »Droge« Geschäftigkeit, die ohne einen gesunden Ausgleich zur Rastlosigkeit führt. Wir versuchen durch immer neue Beschäftigungen, unsere innere Leere und Rastlosigkeit zu überdecken. Das Drängen und die Geschäftigkeit treiben uns jedoch weiter und weiter von unserem wahren Ursprung weg. Was hilft mir, meinem Körper, meinen Gefühlen, meiner Seele, meinem Geist, ruhig und ausgeglichen zu werden? Die älteste Offenbarung aus dem Essener Evangelium besagt: »Sei still, wisse ich bin.« Es gibt zahlreiche Übungen der Meditation oder Kontemplation, die mir helfen ruhig zu werden, eine, die bereits erwähnt wurde, sei hier wieder aufgeführt.

＊ Ich entspanne den Körper.
＊ Ich sitze aufrecht, im Gleichgewicht,
＊ und öffne alle Sinnesorgane für meine Umgebung.
＊ Ich rieche, schmecke, sehe, fühle und höre.
＊ Ich weiß, dass ich hier und jetzt anwesend bin.
＊ Ich lasse alle Gedanken still werden.
＊ Ich lasse alle Sorgen gehen, bis der Geist
＊ still und klar ist wie ein durchsichtiger Wasserspiegel.
＊ Ich komme zur Ruhe in mir selbst.

Schule der Philosophie: Brüssel

So meditativ eingestimmt können Sie beginnen, an dem Ort, an dem Sie sich befinden, Schritt für Schritt wieder zu sich selbst zurück zu finden, das Königreich in sich zu finden, ihre inneren Kräfte zu entwickeln. Weitere Hilfen auf dem Weg sind Aufmerksamkeit, Rhythmus, Dankbarkeit und Gnade.

Aufmerksamkeit: das heißt, eines nach dem anderen zu tun, Schritt für Schritt. Ihre Aufmerksamkeit ruht immer dort, wo die Aktivität stattfindet.

Rhythmus: das heißt, das rechte Maß von Anspannung und Entspannung, von Aktivität und Kontemplation kennen und erfahren zu lernen und zu üben z.B. durch Autogenes Training, Entspannungsübungen, Meditation oder auch Spaziergänge, um einen gesunden Lebensrhythmus zu finden.
Die Einhaltung von natürlichen Rhythmen, z.B. Wachen und Schlafen, sind die Basis für körperliches, seelisches und geistiges Wohlbefinden. Dabei spielt das Atmen eine wichtige Rolle: Durch bewusstes Ein- und Ausatmen können sich der Körper und die Gedanken entspannen, Verspannungen auflösen, so dass wir zu uns selbst finden.
Aber auch das Beobachten der Rhythmen in der Natur und deren Einflüsse können wir für unseren Energiehaushalt nutzen. Die Jahreszeiten, den Monatszyklus, den Wochenzyklus mit dem Sonntag als Ruhetag sowie den Tagesrhythmus mit seiner Leistungskurve am Morgen und späten Nachmittag und der günstigsten Schlafenszeit vor Mitternacht.
Der goldene Schlüssel zur Überwindung von Rastlosigkeit ist das bewusste Beginnen und Beenden einer jeden Aktivität. Dies verhindert, dass wir von einer Aktivität in die andere hineingleiten und dabei immer oberflächlicher und unbewusster werden. In einigen Büchern findet dieses Prinzip noch seine praktische Anwendung: Die ersten und letzten Seiten des Buches sind nicht

bedruckt: In der Stille anfangen, auf leeren weißen Seiten, es folgt der Text, danach wieder leere Seiten, in die Stille zurückkehren, das Getane abschließen, beenden.

Dankbarkeit ... auch für Prüfungen, erleichtern das Leben.
Es ist einfach, für Geschenke, Anerkennung und Hilfe dankbar zu sein. Wenn Sie Herausforderungen und Prüfungen im Leben mit Groll oder Angst begegnen, so binden Sie negative Energien an diese Situationen und damit letztendlich an sich selbst. Sie haben sicherlich schon erlebt, wie eine Krise sich im Nachhinein in eine Chance verwandelt hat. Wie können Sie üben, um von Anfang an schwierigen Situationen vorurteilsfrei zu begegnen, damit Sie unterscheiden können, ob und welche Chancen sich daraus entwickeln können? Aufmerksamkeit und das dankbare Annehmen der Prüfungen sind der Schlüssel hierfür.

Gnade: Momente der Freude werden Ihnen unverhofft geschenkt. Wenn Sie erwarten, dass Ihnen Anerkennung zuteil wird, leben Sie in einer permanenten Anspannung, die in der Zeit zwischen Ihren Handlungen und der eventuell erfolgenden Anerkennung entsteht.
Auf dem Weg in die eigene Berufung – der am Anfang oft ein ungewöhnlicher Weg ist – sind Sie auf weite Strecken auf sich alleine gestellt. Viele erkennen (noch) nicht, was Sie tun, da sie den tieferen Zusammenhang (noch) nicht verstehen. Positive Rückmeldungen sind eher selten. Wenn Sie dann jedoch Momente der Freude in Ihrem Inneren oder durch eine Anerkennung erleben, dann wissen Sie, dass Sie auf dem richtigen Weg sind. Diese *Augenblicke der Gnade* sind der Dank für den hinter Ihnen liegenden Weg und gleichzeitig die Ermutigung für die vor Ihnen liegende Wegstrecke.

71

Entwicklungsphasen des menschlichen Lebens

Bevor wir auf die innere Entwicklung eingehen, will ich die Merkmale, die das menschliche Leben beeinflussen und eine Übersicht der Entwicklungsmöglichkeiten, wie sie von Hellmuth J. ten Siethoff beschrieben wurden, zusammenfassen:

»Der Mensch ist ein individualisiertes Wesen: Jede menschliche Biographie unterscheidet sich von anderen und ist eine einzigartige Geschichte. Trotzdem folgt der individuelle menschliche Lebenslauf bestimmten Gesetzmäßigkeiten, die sich aus den Vererbungsfaktoren, der Art der Umweltbedingungen in jeder Lebensphase und den Entwicklungsaufgaben ergeben, die dem menschlichen Ich in der betreffenden Phase gestellt sind.

Das menschliche Schicksal wird geprägt vom körperlichen Wachstum, der seelischen Entwicklung und dem Ich. Das Ich verkörpert das absolut Individuelle im Menschen und stellt den geistigen Bereich der menschlichen Biographie, den Urquell all unserer Tätigkeiten und Energien dar.

Die menschliche Biographie kennt drei große Abschnitte oder Stufen des seelischen Reifeprozesses. Von den Chinesen wissen wir, dass der Mensch 20 Jahre lernt, 20 Jahre kämpft und 20 Jahre braucht, um weise zu werden.«

Die Entwicklungsmöglichkeiten, die der Mensch in den einzelnen Lebensphasen normalerweise hat, sind nachfolgend stichwortartig aufgeführt, bis zum Alter von 21 Jahren in einer Kurzfassung. Das Wissen um diese Möglichkeiten kann uns z.B. im Alter zwischen 42 und 49 Jahren darin bestärken, »Mut zum Neuen« zu entwickeln. In einer Krise kann uns die Kenntnis dieser Aspekte helfen, die Krise nicht persönlich zu nehmen, sondern sie als eine Herausforderung in dieser Lebensphase zu sehen. Die Lebensalter wurden in Klammern angegeben, da individuelle Unterschiede möglich sind.

(Lebensalter)	Entwicklungsmöglichkeiten
(0 – 7 Jahre)	*Vertrauen*, die physische Welt kennenlernen
(7 – 14 Jahre)	*Ehrfurcht*, durch Märchen die soziale Welt kennen lernen
(14 – 21 Jahre)	*Liebe zur Wahrheit*, Liebe zum anderen Menschen, die Kultur kennen lernen
(21 – 28 Jahre)	*Gleichmut / Unbefangenheit* ❏ Experiment ❏ Erfahrungen machen ❏ Auswerten ❏ Ernst genommen werden wollen ❏ Fördern ❏ Job-Rotation
(28 – 35 Jahre)	*Toleranz und Takt entwickeln* ❏ Führen ❏ Organisieren ❏ Macht ❏ Routine ❏ Hochmut ❏ Lebensplan entwerfen ❏ Entfremdung ❏ Autorität ❏ Sonderaufgaben ❏ Zurückhaltung ❏ Positive Haltung
(35 – 42 Jahre)	*Liebe zum eigenen Schicksal* ❏ Selbsterkenntnis ❏ Lebensprinzipien ❏ Verantwortungsgefühl *Fortsetzung nächste Seite*

(Lebensalter)	Entwicklungsmöglichkeiten
(35 – 42 Jahre)	❏ Auf eigenen Beinen stehen ❏ Einsamkeit ❏ Zurück zur Jugend ❏ Während der Körper sein Spiel spielt, den Geist jung erhalten ❏ Vorausschauen ❏ Horizont erweitern
(42 – 49 Jahre)	*Mut zum Neuen* ❏ Neue Lebensziele ❏ Alles anders tun ❏ Umwerfen seiner Werte ❏ Die ganze Orientierung muss sich ändern ❏ Es wird immer weniger wichtig, was man tut, es soll nur das getan werden, was getan werden muss ❏ Verantwortung für die nächsten Generationen
(49 – 56 Jahre)	*Weisheit* ❏ Pädagoge werden (lehren ohne zu belehren) ❏ Ein Guru sein (in sich selbst ruhen) ❏ Die eigenen Stärken und Schwächen so gut kennen, dass man andere verstehen kann ❏ Über sich selber lachen können
(56 – 63 Jahre)	*Liebe zur Welt oder Menschheit* ❏ Selbsterkenntnis wird zur Menschenkenntnis ❏ Rückschau üben ❏ Bilanz ziehen ❏ Die letzten Chancen

Bernardus Lievegoed geht in seinem Buch *Lebenskrisen/Leben-schancen. Die Entwicklung des Menschen von der Kindheit bis zum Alter* auf den menschlichen Lebenslauf mit seinen charakteristischen Phasen, Krisen und Entwicklungsmöglichkeiten ein. Dieses Buch beruht auf reicher Erfahrung des Autors mit Menschen verschiedenster Altersstufen und Berufe. Es kann helfen, die eigene Biographie und die anderer besser zu verstehen, Lebenskrisen zu überwinden und Lebenschancen zu realisieren.
George und Gisela O'Neil beschreiben auch die Lebensphasen ab 63 Jahren und sagen: »Mit 63 hat sich das dem Menschen zugeteilte Schicksal erfüllt, er ist frei, er ist ein Kind der Götter.«

Die Notwendigkeit (m)einer inneren Erneuerung

DER WEISE BRINGT SICH SELBST IN ORDNUNG
UND DAMIT DIE WELT.

Chinesische Weisheit

Für den Einzelnen ist der innere Seelenweg die Grundlage für ein harmonisches Leben in Beruf, Familie und Gesellschaft. Auf der Ebene der Familie ist er notwendig, da er den inneren Freiraum für zu enge Bindungen schafft und das Fundament für tragfähige, dauerhafte Beziehungen darstellt. Der Einzelne sollte nicht der Versuchung erliegen, die Erfüllung aller Sehnsüchte auf der weltlichen Ebene oder beim Partner zu suchen. Die tieferen Bedürfnisse des Menschen, das wird mit zunehmendem Alter klar, können nur im eigenen Innern gestillt werden.

Der Weg nach innen: Fundament für Beruf und Beziehungen

Schon ausgeführt wurde, dass sich der innere Seelenweg parallel zum äußeren Lebensweg anbahnt und zeitweilig auch parallel verläuft. Es ist ein Weg, der uns zu unserer Wesensmitte führt. Er verläuft in Windungen, die sich mal mehr der Mitte nähern und sich dann wieder weit von ihr entfernen. So wie auch das Leben verläuft: Mal ruhen wir in uns, mal haben wir das innere Gleichgewicht verloren. Und immer wieder gibt es Wendepunkte, an denen wir Altes hinter uns lassen, um uns Neuem öffnen zu können. Symbolisch dargestellt ist der Weg nach innen im *Labyrinth der Kathedrale von Chartres*, das nebenstehend wiedergegeben ist.

Im Mittelalter wurde das Labyrinth im Pilgerschritt begangen: Drei Schritte vor, einer zurück. Der Schritt zurück war immer wieder Besinnung, Erinnerung an das Geistige in uns.

Unsere eigene Einheit mit dem Geistigen, unsere Verbindung zum Göttlichen, entdecken wir zunächst in uns. Auf das Labyrinth übertragen: im Zentrum. Wenn wir unsere eigene Verbindung mit dem Ganzen in uns wiedergefunden haben, erkennen wir auf dem Rückweg von innen nach außen auch unsere Verbundenheit mit dem Geistigen in anderen Menschen.

Wenn wir die geistige Welt so verstehen, wie sie im Lebensbaum der Essener (siehe *Die Hilfe der Engel*) dargestellt wird, zum Beispiel als die Kräfte der Liebe, der Weisheit und des Friedens, so erkennen wir, dass die Entwicklung dieser Kräfte in uns eine Verbindung mit dem Frieden, der Weisheit und der Liebe in anderen Menschen herstellt.

Eine so entstandene geistige Gemeinschaft gewährt den Einzelnen den Raum für die innere Entwicklung und für die Umsetzung der Lebensaufgabe und Berufung.

In die Mitte gehen.

Sie sind eingeladen, den Weg von der unteren Öffnung des Labyrinthes bis ins Zentrum mit einem Stift nachzuzeichnen, wann immer Sie zu sich selbst kommen wollen. Folgen Sie mit dem Stift den Weg von der unteren Öffnung nach innen und spüren Sie nach, was Sie dabei erleben.

Der Weg führt Sie zunächst in die Nähe der Mitte. Dann nach vielen Wendepunkten von oben nach unten und umgekehrt, von links nach rechts und umgekehrt in die Mitte. Dieses Zentrum ist im übertragenen Sinne unsere Wesensmitte. Wenn wir in uns ruhen, im Einklang sind mit uns und der Umwelt, auch wenn die Stürme des Alltags um uns herum toben, finden wir hier mit der Zeit unser inneres Gleichgewicht wieder.

Lenke ruhig, mit entschlossenem Mut,
durch deine Einsicht die Gedanken auf dein Innenleben,
bis allmählich du in tiefster Sammlung alles sonst vergisst.
Wohin unstet und wandelbar der Geist entflieht aus deiner
Selbstherrschaft, von dort hol ihn zurück!
Das höchste Gut wohnt nur im still gewordnen Herzen.

Bhagavad Gita VI, 25-27

Die innere Entwicklung als verbindende dritte Kraft

Die innere Entwicklung ist ein meist vergessener und verborgener Lebensbereich. Sie ist die dritte Kraft bzw. die seelisch-geistige Grundlage für Beruf und Beziehungen. In der Regel beginnen wir diesen Bereich erst zu entdecken, wenn wir einen Schicksalsschlag erleiden oder wenn wir im mittleren Lebensalter bemerken, dass es Werte jenseits von Beruf und Familie gibt, die uns am Herzen liegen und die uns Kraft geben. Wir erkennen, dass unsere Überlebenschance darin liegt, sie zu suchen und zu einem Fundament unseres Lebens zu machen.

Bei der Entwicklung unserer inneren Kräfte und auf der Suche nach Einklang mit uns selbst, mit unseren Mitmenschen und mit Gott, dem Absoluten, brauchen wir mitunter Hilfe von außen, zum Beispiel ein Buch, einen Freund oder Lehrer, eine Gemeinschaft, eine Schule, die uns in einen inneren Entwicklungsweg einweist. Die Suche nach einer glaubwürdigen Wegweisung erstreckt sich neben den westlichen Religionen auch in den Bereich östlicher und universeller Lebens- und Glaubensformen.

Spuren meines eigenen Weges

In diesem Abschnitt möchte ich anhand meiner Lebensgeschichte
Spuren und Einflüsse meines eigenen Weges aufzeichnen.
Mit 30 Jahren begann eine intensive Beschäftigung mit der Advai-
ta-Vedanta-Philosophie. Diese umfasst die ältesten uns bekannten
Entwicklungswege, Weisheitslehren und universellen Gesetzmäßigkeiten von Mensch und Universum. Advaita ist im Vergleich
zu dualistischen Strömungen der Vedanta-Philosophie die Lehre
vom All-Einen, von der Einheit zwischen Gott, Mensch und dem
Universum.
Beim Studium der Philosophie habe ich zwei wesentliche Begleiterscheinungen kennen gelernt. Die eigene Begeisterung für die
Inhalte führte dazu, dass ich mein Umfeld immer weniger verstand
und zunehmend Schwierigkeiten hatte, dieses Umfeld so anzunehmen, wie es sich mir im Vergleich zu philosophischen Idealvor-
stellungen darstellte. Die Diskrepanz zwischen der Welt, wie sie
sein könnte und wie sie mir schien, war schier unüberbrückbar.
Die Unterschiede schienen mich zu zerreißen. In dieser Situation
kann sehr leicht der Gedanke an Weltflucht oder Aussteigen
aufkommen, wenn keine festen Verpflichtungen in der Welt vorhanden sind, wie ich sie als Familienvater hatte.
Familie, Freunde und Kollegen verstanden mich immer weniger,
einige überhaupt nicht mehr. Sie dachten, ich gehöre einer Sekte
an und würde nun die Familie und den Beruf im Stich lassen. Die
innere Kündigung im Beruf und in vielen Beziehungen war die
Folge. In dieser Zeit waren meine Ängste und Zweifel, ob ich auf
dem richtigen Weg bin, groß. Mein Mittel, damit umzugehen, war
das Schreiben. Ich schrieb mir alles von der Seele, was mich
beschäftigte. Und ein paar gute Freunde blieben mir, mit denen
ich mich austauschen konnte und die mir in dieser schweren Zeit
sehr geholfen haben.

Ich begegnete später dem Sufismus und lernte durch Hatha-Yoga einen ersten Einblick in die Möglichkeiten der Körperarbeit kennen, dessen Ziel es ist, Körper, Seele und Geist miteinander zu verbinden.

Dann wurde der Wunsch in mir immer stärker, die Quellen der Religion zu finden, in der ich aufgewachsen bin, dem katholischen Glauben. Hierbei lernte ich den von Rudolf Steiner im 13. Kapitel des Johannes-Evangeliums beschriebenen inneren Seelenweg kennen.

Mit 48 Jahren wurde ich auf die Schriften der Essener aufmerksam gemacht. Der Inhalt versöhnte mich nicht nur mit dem Christentum und den anderen Weltreligionen und Philosophien, die ich kennen gelernt hatte, sondern vermittelte mir auch ein neues Verständnis der Einheit des männlichen und weiblichen Prinzips. Aus dem letzteren entstand ein neues Verständnis für die Grundlage von Beziehungsfähigkeit. Die Versöhnung mit dem Ur-Christentum, die ich beim Studium der Essener-Schriften empfand, beruhte darauf, dass ich das wiederfand, was mit meinem Herzen und Gewissen in Einklang ist: die innere Bibel.

Durch die Beschäftigung mit den genannten geistigen Traditionen der Menschheit fand ich für mich ein inneres Fundament, um den Weg vom Beruf zur Berufung gehen zu können. Dabei geht es sowohl um das Studium der heiligen Schriften an sich als auch um die lebendige Wahrnehmung dessen, was in den Herzen der Menschen und der Natur geschrieben steht. Die Schriften, die Natur und die Herzen der Menschen dienen dabei als Wegweiser für die Integration des Studierten und Erfahrenen in den Berufs- und Lebensalltag, alleine und mit anderen.

»Die sieben freien Künste«

Auf der Suche nach der tieferen Bedeutung des Labyrinthes der Kathedrale von Chartres bin ich 1996 mit Freunden auf die Schule von Chartres aufmerksam gemacht worden. Diese Schule existierte in der Zeit der Entstehung der ersten gotischen Kathedralen in Europa. Auch damals suchten die Menschen einen spirituellen Weg, um ihre vielfältigen Verpflichtungen in Beruf und Familie in Einklang zu bringen mit ihrer geistigen Entwicklung. Die Übungen, die dafür gelehrt wurden, bauen auf den antiken Lehren Ägyptens und Griechenlands auf. Die sieben Künste, deren Essenz geübt wurde, waren Grammatik, Dialektik, Rhetorik, Musik, Arithmetik, Geometrie und Astronomie. Michael Frensch schreibt in *Wie öffnet sich das Große Portal?* über »Die sieben freien Künste«: »Kaum ein Mensch wird es schaffen, jeden Tag neben seinem Beruf, seiner Familie und/oder seinen sonstigen Pflichten noch sieben Künste auszuüben. Da es aber nicht auf Meisterschaft ankommt, sondern auf das rhythmische Üben, lehrt uns die Schule von Chartres, dass einige wenige Minuten am Tage für diese Übungen ausreichen, und dass man nicht alle Künste auf einmal, sondern an jedem Tage nur eine bestimmte zu üben braucht ... Will man die Lehre der Schule von Chartres über das Üben der »sieben freien Künste« zusammenfassen, so könnte dies etwa wie folgt geschehen:

Werde am *Montag* zum Menschen des rechten Wortes! Achte darauf, was du sagst. Mache nicht zu viel und nicht zu wenig Worte. Schweige, statt um des Redens Willen zu sprechen. Und wähle dir einige wenige Minuten am Tage aus, an denen du dir ein Wort überlegst, das einem dir nahe stehenden Menschen Freude macht. Man nennt diese Übung auch *das rechte Wort zur rechten Zeit*.

Werde am *Dienstag* zum »Rechner«. Berechne die Folgen deiner Handlungen und erwäge sorgsam die Konsequenzen einer geplanten Tat. Suche während einiger weniger Minuten am Tag nach einer Handlung, die einem dir Nahestehenden Freude bereitet. Man nennt diese Übung auch die *rechte Tat.*

Werde am *Mittwoch* zum »Denker«! Das richtige Denken vermittelt zwischen Geist und Natur, zwischen Begriff und Wahrnehmung. Hierzu muss man die Umgebung genau beobachten und die gemachten Beobachtungen mit dem richtigen Begriff verbinden. Tue etwas, weil es die Natur erfreut, weil es ihrem Wesen entspricht, und sei es auch nur, dass du die Schönheit einer Blume bemerkst. Man nennt diese Übung auch *den rechten Standpunkt* (zwischen Geist und Natur).

Werde am *Donnerstag* zum »Geometer«! Sei ein Mensch mit Augenmaß! Erwäge deine Handlungen und Ziele im Hinblick auf die dir zur Verfügung stehenden Kräfte und Möglichkeiten. Wer das rechte Maß in seinen eigenen Angelegenheiten besitzt, kann auch anderen zum Berater werden. Daher heißt diese Übung auch *das rechte Streben.*

Verwende den *Freitag* dazu, wenigstens für fünf Minuten zum »Dichter« zu werden. Der Dichter spricht das wahre Wesen aller Dinge aus. Wer Dichter sein will, muss sich des wahren Wesens der Dinge erinnern. Vertiefe dich für einen Augenblick in das wahre Wesen eines dir nahe stehenden Menschen und versuche, ihm etwas zu sagen, das ihn wirklich berührt! Man nennt diese Übung auch *rechtes Erinnern.*

Werde am *Samstag* für kurze Zeit zum »Astronomen«! Denke nur solche Gedanken und fälle nur solche Urteile, die auch morgen noch Bestand haben, weil sie »feststehen« wie die Fixsterne am Himmel. Achte auf alle abfälligen und voreiligen Urteile. Versuche, und sei es auch nur für einige Minuten, einem Gesprächspartner vorurteilslos und offen zu lauschen, ehe du beurteilst, was er sagt. Dann befindest du dich inmitten der Übung des *rechten Meinens*.

Werde am *Sonntag* zum Musiker! Schwinge mit allen Lebensrhythmen mit, und sei es auch nur für einige Augenblicke. Lasse dich von Takt, Rhythmus und Melodie bewegen, die aus Gottes weiter Welt und aus allen Geschöpfen ertönen und klingen. Fasse deine Entschlüsse in Harmonie und Einklang mit deiner ganzen Umgebung und halte daran fest. Dann übst du *das rechte Entschließen*.

Die »achte Kunst«, *die rechte Beschauung*, kann man eigentlich nicht erüben; sie stellt sich ein, wenn man die sieben anderen rhythmisch praktiziert und darauf achtet, was dabei in der eigenen Seele geschieht.«

Ist es nicht erstaunlich, dass *Die sieben freien Künste* in einem von sieben Kapiteln mit der Überschrift Regeln der Gemeinschaftsbildung zu finden waren? Es wurde mir dann klar, dass diese Übungen die Entwicklung der eigenen Fähigkeiten im Hinblick auf die Bedürfnisse und wesentlichen Qualitäten der mir nahe stehenden Menschen und meiner Umgebung im Auge haben. Somit geht es um Ko-Evolution, um gemeinsame Entwicklung. Meine eigene Entwicklung steht in Beziehung mit der Entwicklung meiner Umgebung: ein ständiges Geben und Empfangen.
So kann es sein, dass diese Übungen auch Ihnen helfen, wenn Sie sich inmitten der täglichen Aktivitäten immer wieder auf das Wesentliche besinnen. Dadurch kann Ihre innere Verankerung, Ihr inneres Gleichgewicht gefestigt werden und Beziehungen können an Tiefe gewinnen.

Vedanta-Philosophie

Eine Erneuerung meiner Wert- und Lebensvorstellungen – das heißt eine Rückverbindung an das Wissen und die Offenbarungen über das Wesen des Menschen und seine Aufgaben – ist für mich überlebensnotwendig, denn über den Beruf oder über meine Beziehungen kann ich keine Heilung meiner Ganzheit erfahren. Meine Seele wird letztlich nur Ruhe finden, wenn sie den Klang der verborgenen Wahrheit in mir wiederhört. Hierzu gehören neben den urchristlichen Offenbarungen auch Quellen aus anderen Kulturkreisen wie die Advaita-Vedanta-Philosophie und die Herzensweisheiten des Sufismus.

Alle diese lebendigen und immerwährenden Quellen gilt es immer wieder für mich neu zu entdecken und in mein Leben zu integrieren. Dies ist meine Aufgabe, die geistig-seelischen Fundamente in mir wieder freizulegen. Schriften und Organisationen können Bewahrer und Wegweiser, nicht jedoch das Ziel selbst sein.

Vedanta ist ein System mystischer Philosophie, das den Anstrengungen von Weisen vieler Generationen entsprungen ist, die verborgenen Weisheiten darzulegen. Sankaracharya war der Hauptverbreiter der Advaita-Form oder der nichtdualistischen Vedanta. Die bedeutendsten Vedanta-Wegweiser zu uns selbst sind die *Die Bhagavadgita* und die *Upanishaden*.

Lesen wir, was Karina Martinelli über ihre Erfahrungen mit Körper-, Atem- und Entspannungsübungen, Meditation und Yoga-Philosophie schreibt. Zugrunde liegt ein in englischer Sprache gehaltener Vortrag vor der Europäischen Vedanta-Konferenz 1993, den sie teilweise für dieses Buch erweiterte.

Bewusstheit durch Yoga

Vor über zwanzig Jahren stellte ich mir, wie so viele im jugendlichen Alter, die Frage, was der Sinn meines Lebens sei. Ich war jung, lebte Familie, und ein Arbeitstag von zwölf bis vierzehn Stunden ließ nicht viel Zeit zur Muße. Ich lebte, was von mir erwartet wurde, oder besser gesagt, ich »funktionierte« im Sinne meiner Umgebung. Ich hatte mich daran gewöhnt, dass mein Körper alle Disharmonien in Krankheiten ausdrückte und als sogenanntes »krankes Kind« war dies ein »altbewährtes« Muster. Doch auf einmal fühlte ich es in mir drängen: Ich will nicht mehr! Es gab noch keine Anzeichen von dem, was ich stattdessen wollte und was ich nicht wollte, oder was es zu ändern galt – nur eine große, lähmende Müdigkeit und Unzufriedenheit, ein Überdruss, der durch eine latente Energie verdrängt zu werden schien. Eines Tages schenkte meine Mutter mir ein Yoga-Buch. Es war ein klassisches Hatha-Yoga-Übungs-buch mit vielen schönen Zeichnungen und einigen Beschreibungen. Aus heutiger Sicht ein wenig simpel. Doch die Wirkung war enorm. Mein Empfinden war: Das ist es! Aber was ist dieses DAS? Das Buch erfasste mich, ich übte und las, las und übte und konnte nicht genug bekommen. Die Asanas (Übungen, Haltungen/Stellungen) versprachen Schönheit, Gesundheit, Energie und Wohlbefinden und waren so wunderschön dargestellt, als wäre es ein Leichtes, all dies in kürzester Zeit zu erreichen. Dann begann ein permanenter Kampf. Der Kampf mit mir selbst: Zeit für mich selbst – die Auseinandersetzung mit mir selbst, mit meinem inneren und äußeren Leben – die Selbstfindung.
Die ersten schnellen Erfolge spürte ich durch das disziplinierte tägliche Üben in meinem Körper. Eine Art neue Energie machte sich in mir Raum, und trotz der Schmerzen in der Yoga-Praxis lernte ich, meinen Körper mehr und mehr kennen zu lernen und zu verändern, was es zu verändern galt – aber auch anzunehmen, was viel Geduld und Zeit brauchte. Der negative Stress und die Krankheiten der vergangenen Jahre hatten ihre Spuren hinterlassen. Die Veränderung geschah mehr und mehr von Außen nach Innen, obwohl ich nicht erklären konnte, was in mir selbst geschah. Es war einfach irgendetwas da, was ich nicht kannte.
Unbewusst und wie »von selbst« veränderten sich auch meine Freund-schaften, mein Arbeitsbereich, meine Einstellung zum Leben, zu mir und den Menschen. Nach langem Üben und Erfahren, vielen Yoga-Kursen

mit namhaften Lehrern durfte ich nach etwa 12 Jahren strenger diszipli-
nierter Arbeit selbst Yoga unterrichten und lehren.

Die Stärke und Energie in mir wuchsen von Tag zu Tag, und das Lernen
Wollen, was als Kind eine mittelschwere Katastrophe für mich bedeutete,
wurde zum freudigen neuen Tun und Werden.

Meine intellektuellen Interessen nahmen neue Formen an, Philosophie
und Psychologie füllten die Zeit, die Familie, Arbeit und Üben übrig
ließen, und ich nutzte die Wochenenden für Kurse und Seminare zur
weiteren Fortbildung.

Je zufriedener und ausgeglichener, erfüllter und gesunder ich wurde, umso
mehr Konflikte entstanden aber auch auf einmal um mich herum. Diese
Erkenntnis war geradezu erschreckend. Mir ging es besser und besser,
und das war nicht nur eine äußerliche Erscheinung, sondern hatte mit
meiner Seele, meinem Herzen und meinem Körper zu tun, und außer
mir begann sich ein kleines Chaos zu entwickeln. Ich wollte alte und
festgefahrene Strukturen, Muster und Situationen nicht mehr für mich
akzeptieren, drängte nach Veränderung, nach Entdecken und Umsetzen
des gerade neu Erkannten und stieß ständig auf Unverständnis und
Blockaden.

Dass ich Vegetarierin wurde und zu dieser Zeit, es war Anfang der
achtziger Jahre, in meinen »Kreisen« als »sonderbarer Vogel mit Yoga
und so« galt, war noch das geringste Problem. Ich wurde zur Außenseiterin
und das gefiel mir nicht, war ich doch erzogen, ein Sonnenschein für alle
zu sein. Mein Weltbild geriet ins Wanken, das alte und das neue.

Eine große Hilfe zu dieser Zeit war meine Tochter. Sie verstand ohne
Erklärungen, fühlte ohne Diskussionen und erlebte die Entzweiung ihrer
Eltern auf eine intuitive Weise, die aus heutiger Sicht schon an mystische
Erfahrung grenzt. Kinder leben die Wahrheit viel mehr als Erwachsene.
Instinktiv sagte sie die »richtigen« Worte, sandte die Schwingungen, die
mich ahnen ließen, dass sie viel mehr »wusste«, als ich glaubte. Manchmal
schmerzten sie tief, eben weil es die Wahrheit war.

Gefühle wie Entwurzelung, Verlassensängste und der folgenschwere Satz
der Bibel: »Was Gott verbindet, das soll der Mensch nicht trennen!«
prägten die nächsten Monate und Jahre.

Hatte Gott meine Ehe wirklich verbunden? Ich hatte geheiratet, weil ich
schwanger war und tat, was von mir erwartet wurde. Ich wollte meiner
Tochter eine gute Mutter sein und ihr eine geordnete Familie bieten, und
Liebe leben wird »frau« lernen können, hoffte ich.

Mit Unterstützung meiner Eltern lebten wir unsere junge Familie und wurden mehr und mehr selbständig, arbeiteten Tag und Nacht, erfüllten der Gesellschaft und den Mitmenschen gegenüber unsere Pflicht und waren – nach Meinung aller – eine gute Familie –, aber bewusst in Gott verbunden, mit einer eigenen göttlichen Kraft und Intuition ausgestattet und seiner SELBST bewusst, reflektiert wissen, was man/frau als Familie war und tat, nein! Das war es nicht. Was schrie aber jetzt in mir nach Veränderung, Wechsel, Loslassen?

Ich vertiefte meinen Yoga-Weg, meditierte, Altes, Unbewusstes drängte an die Oberfläche, wollte erfüllt oder losgelassen werden, aber was und wie?

Eines Tages rief ein Freund aus Berlin an und lud mich zu einem Vedanta-Seminar ein. Ich sagte spontan zu – es gab einfach kein Zögern. Dieses Treffen mit Vedanta-Freunden war wie mit meinem ersten Yoga-Buch: Genau das ist es – aber was ist dieses DAS?

Zur allgemeinen Yoga-Praxis kam nun die gelebte Lebens-Philosophie und wurde etwas Rundes, Ganzes. Bewusstheit in Bewegung, Bewegung in Bewusstheit, die Liebe leben und das Leben lieben wurden meine täglichen Sutras (Leitsätze) und verinnerlichten sich von Tag zu Tag mit jeder Übung, Meditation, mit jedem neuen Vedanta-Buch und Vedanta-Lehrer. Aber es kam auch die Konfrontation mit dem Neuen, dem Unbewussten, und mehr und mehr drängte sich nach oben, was immer noch verschüttet war. Und etwas sehr Universelles, Existenzielles fand endlich Raum und Zeit: STILLE.

In und aus dieser Stille wuchs mein *Selbst-* bzw. *Gott*vertrauen, das, was mir als Kind völlig natürlich zu eigen war. Ich legte mein Leben, meine Arbeit, meinen Weg erneut vertrauensvoll in diese höhere Kraft, mit dem Wunsch und der Bitte zu führen und zu begleiten.

Nach vielen Vedanta-Büchern und Seminaren fühlte ich, dass das Gelesene, Gesagte mir bekannt vorkam. Als wäre das alles schon in mir gewesen, als »wüsste« ich das alles, als berührte es meine Seele, mein SEIN.

Ich verstand, dass Körper, Geist und Seele durch ein spirituelles Leben in Harmonie gebracht werden konnten. Dies auf Seminaren zu hören oder in Büchern zu lesen fiel mir leicht. Aber was meinte »Bewusstheit« im täglichen Leben und wie sollte ich dieses spirituelle Wissen in meine Familie, Arbeit und Freizeit integrieren?

Eine weitere Hilfe auf diesem Weg wurden zunehmend die körperlichen, mentalen, intellektuellen und spirituellen Übungen und mit der Zeit entwickelten sie sich zu einem ganzen System, in dem die körperliche

Übung spirituell wurde und die spirituelle Übung den Alltag prägte. Das Üben wurde ganz natürlich und die Natur wurde zur Übung.

Doch kaum glaubte ich, etwas begriffen zu haben, stellten sich neue Grenzen ein – körperlich, seelisch, geistig. Die mystische Erfahrung bringt einen scheinbar immer zwei Schritte vor, einen zurück. Jede glückliche neue Erkenntnis bringt auch die Einsicht, doch noch blind zu sein, noch weiterer Aufbrüche zu bedürfen. So war Stillstand angesagt, den Gewinn musste ich erst einmal verarbeiten. Meine Neigung zum Perfektionismus und dazu, alles tun und machen zu können, wurde gründlich hinterfragt: Warum lasse ich mir nicht die Zeit, genau hinzusehen, warum nutze ich nicht den »Stillstand« zur Reflexion, warum gönne ich mir nicht Zeit und Ruhe, um neuen und tieferen Kontakt zu mir selbst zu finden? Warum flüchte ich in Aktivitäten, wo es doch innerlich so viel zu tun gibt?

Das Bewusstwerden dieser Fragen war schon der erste Schritt zur nächsten Veränderung: Das Gefühl, mit meiner Seele Kontakt zu haben, wurde realer, ehrlicher, näher und beglückender.

Yoga-Übungen ermöglichten mir die wunderbare Erfahrung, die eigenen Grenzen wahrzunehmen und sich mit ihnen auseinanderzusetzen: Wo sind meine Blockaden, Hindernisse und wie gehe ich damit um? Kann ich annehmen, was nicht zu ändern ist, kann ich mich zurück nehmen oder gehe ich überhaupt nicht weit genug? Diese Fragen und Antworten übertragen sich von *selbst* vom Körper auf die Seele, vom Üben in den Alltag.

Die tägliche, praktische Arbeit mit mir selbst wurde zur universellen spirituellen Übung. Sie konnte aus eigener, ehrlicher Erfahrung in die Tätigkeit als Yoga-Lehrerin integriert werden. Dies ließ die Yoga-Arbeit gleichzeitig zu einem immer neuen Erfahrungsprozess werden.

Disziplin, Geduld, Liebe und Hingabe, die Akzeptanz der Unabänderlichkeiten, das Sich-Öffnen gegenüber dem Neu-zu-Entdeckenden waren die positiven Effekte dieser neuen Stufe meines Weges: Schritt für Schritt! Ich befand mich jetzt auf dem praktischen, bewussten Yoga-Weg:

Eigene, bewusste Erfahrungen und Wahrnehmungen – Liebe und Verantwortung für meine innere und äußere Natur – Akzeptieren von Gegensätzen – Finden der Mitte.

Aus dieser Mitte konnte ich ganz neue Kraft schöpfen, Wege zu gehen mit der Möglichkeit, Veränderungen zu finden, zu *werden*, zu *wachsen*, zu *sein*.

Die Atmung (Pranayama) half zusätzlich als Mittlerin zwischen der inneren und äußeren Natur und zeigte mir immer, wo ich stand.

Wenn es den Menschen gelingt, die Atmung kontemplativ zu beobachten, ihr zuzuschauen, dann zeigt sie uns, ob wir in uns ruhen oder »außer Atem« sind, ob wir oberflächlich oder tief »durchatmen«, ob wir uns frei fühlen oder beengt. Sie lässt uns ruhig werden und anschauen, was wir unter Ahimsa – Gewaltlosigkeit in Gedanken, Worten und Taten – verstehen können oder wollen. Prana, die Lebensenergie, erreicht jede Körperzelle, wenn wir sie bewusst mit der Atmung beim Üben einsetzen. Diese Energie manifestiert sich in unserem Körper mit Liebe und Achtsamkeit.

Vivekananda sagte: »Wir sind, was wir denken, deshalb prüfe deine Gedanken, lerne Konzentration und nutze sie überall. Auf diesem Weg wirst du dich nicht verlieren, sondern die Kraft zum Ganzen ausschöpfen können.«

Die Praxis der Meditation und das Studieren der spirituellen Schriften zeigte mir nicht nur, dass ich mich auf dem richtigen Weg – auf dem Weg zu mir – befand, sondern stellte auch den Kontakt wieder her zu dem, was ich die höhere Kraft nenne.

Ich integrierte meine spirituellen »Hilfen« in den Alltag, die praktischen, intellektuellen und mentalen, wiederholte sie gedanklich und körperlich, lebte mit ihnen und stellte fest, den Alltag zu leben, bedeutet Yoga zu leben.

Die schmerzvollen Erfahrungen auf diesem Weg zu mir selbst lehrten mich, die Herausforderungen meines Egos und meiner Seele anzunehmen. Ferner lernte ich, dass ich die Probleme dieser Welt nicht unmittelbar lösen und verändern kann – aber mich selbst: durch das Lösen der eigenen Blockaden, durch das Lernen, die Wahrheit zu leben, zu entscheiden, mich frei zu fühlen und frei zu sein.

Doch die eingegerbten, alten Muster und Verhaltensweisen machen sich mit permanenter Boshaftigkeit immer wieder ans Werk, um zu zeigen, dass sie noch lange nicht transformiert sind und das Üben weiter geht. Manchmal stehe ich neben mir und frage: »O lieber Gott, was soll ich jetzt schon wieder tun, lernen, entdecken, wo ich doch glaubte, verstanden zu haben?« Aber hatte ich wirklich verstanden? Manchmal kam ich mir vor, wie die Schlange in Sri Ramakrishnas Geschichte, die das Töten, nicht aber das Zischen verlernen sollte. Mir war wirklich oft zum Zischen zu Mute. Mut und Gottvertrauen haben mich jedoch nie verlassen und ich ging diesen Weg weiter, den Weg des Wachsens und Werdens zu mir selbst, den Weg, das Leben zu lieben und die Liebe zu leben, jeden Tag neu zu beginnen und zu erfahren, das Gelebte und Gelernte weiter zu geben und als Herausforderung zu sehen, den Menschen zu vermitteln, was es bedeutet: Yoga zu leben in Selbstverantwortung und Verantwortung den Menschen und der Natur gegenüber.

Heute, mit 45 Jahren, im Zeitalter der Technik und Wissenschaften, hoffe ich den Menschen vermitteln zu können, ihre Vorurteile durch Toleranz zu ersetzen. Toleranz gegenüber allem Neuen, Fremden und gegenüber anderen Systemen.

Ich hoffe sehr, dazu beizutragen, dass Yoga und Vedanta das Eins-Sein und die Verbindung = Religio fördert, gleich welche Konfession sonst bedeutend ist. Ob Christen, Moslems, Hindus oder Buddhisten, sie alle sind auf der Suche nach dem »göttlichen Urgrund in sich selbst«, wie Meister Eckehart, der deutsche Mystiker, dies nennt.

Jedes System hat seinen Ursprung im Göttlichen und hat seine Berechtigung, und jedes Glaubenssystem ist seiner Kultur angepasst. Was die Menschen aus ihrem Glauben, aus ihrer *Religio* machen und leben, hat leider oft nichts mehr mit dem *Urgrund* zu tun. Leider haben wir dafür genug Beispiele aus der Vergangenheit.

Eine Freundin meinte einmal scherzhaft zu mir: »Dich hätten sie im Mittelalter sicherlich als Hexe verbrannt.« Heute bin ich dankbar, eine »Hexe« zu sein, wenn man/frau mein Tun und Leben so bezeichnen will. Die modernen Hexen fliegen nur nicht mehr auf einem Besenstil durch die Weltgeschichte, sie versuchen vielmehr, die Zusammenhänge von Mensch und Natur zu entdecken, versuchen alte Strukturen und festgefahrene Denkmuster zu durchbrechen und Macht in Liebe zu verwandeln. Die neuen »Hexen« sind bemüht, *Beruf, Berufung und Lebenssinn* in Harmonie mit sich selbst, der Familie und der Umwelt zu bringen und sind dafür bereit, manchen Kampf auf sich zu nehmen, mit Liebe und nicht mit aller Gewalt!

So wünsche ich mir, dass die Menschen lernen, bei aller Technik und Zivilisation nach innen zu hören und zu lauschen und in ihr eigenes Herz und in ihre Seele zu schauen, bevor sie urteilen.

Ich wünsche mir, dass die Menschen wieder Kontakt zu ihrem göttlichen Ursprung fühlen und erleben, egal aus welchem System sie kommen oder wie man/frau diese Kraft, dieses Licht auch nennen mag.

Und ich wünsche mir mehr Gelassenheit und Entspanntsein, mehr Gewissheit und Selbstvertrauen, kurz: mehr Lächeln in den Gesichtern.

Enden möchte ich mit einer Aussage von Vivekananda: »Bist du im Konflikt zwischen Herz und Verstand, folge dem Herzen.« Das Herz rät im Zweifel mit dem sicheren Instinkt zum Richtigen, ehe der Verstand dies klar erschließen kann.

> LETZTLICH MÖCHTEN WIR NICHT VERZICHTEN,
> DARAUF HINZUWEISEN, DASS DER MENSCH SICH SELBST,
> SEINE ZIELE UND SEINE WERTVORSTELLUNGEN
> EBENSO ERFORSCHEN MUSS WIE DIE WELT,
> DIE ER ZU VERÄNDERN SUCHT.
> BEIDES ERFORDERT NICHT ENDENDE
> HINGABE UND ANSTRENGUNG.
>
> Exekutiv-Komitee des Club of Rome

Körper und Natur als Quellen der Kraft

Das für sich richtige Maß und die Art und Weise der Ernährung und Bewegung muss jeder für sich selbst entdecken.

Allgemein gilt jedoch: Um einem inneren Entwicklungsweg zu folgen und um den Herausforderungen des Berufes und des Lebens gewachsen zu sein, benötigt unser Körper neben einer gesunden Ernährung und Bewegung die Kräfte, die uns die Natur so freigebig schenkt: Wasser, Luft, Erde, Sonne und Äther (dem fünften Element, wie es im Osten verstanden wird, der Qualität des Raumes, der Weite, des Weltalls).

Spaziergänge in der Natur sind für mich eine Quelle der Kraft. Für mehrere Minuten mit angezogenen Beinen auf dem Rücken liegen, hilft mir zu entspannen. Und einige Minuten Schlaf lassen mich vollständig erholen. Aber auch unter Menschen kann ich inzwischen Ruhe finden.

Der indische Musiker und Philosoph Hazrat Inayat Khan drückt dies so aus: »Was ist Gesundheit? Gesundheit ist Ordnung. Und was ist Ordnung? Ordnung ist Musik. Wo Rhythmus, Regelmäßigkeit, Zusammenarbeit besteht, gibt es Harmonie, gibt es Sympathie. Die Gesundheit des Gemüts und des Körpers hängt darum von der Erhaltung jener Harmonie ab, von dem Bewahren jener Sympathie, die im Gemüt und im Körper besteht. Das Leben in der Welt und besonders die Art, wie wir inmitten der Menge leben, fordert unsere Geduld in jedem Augenblick heraus und es ist äußerst schwierig, die Harmonie und den Frieden zu bewahren, auf denen alles Glück beruht.«

Beruf und menschliche Beziehungen im Einklang ...

DER MENSCH KANN NUR DANN WIRKLICH GLÜCKLICH SEIN, WENN ER SEINE SEELE MIT DEN HIMMLISCHEN SPHÄREN IN EINKLANG BRINGT.

Hazrat Inayat Khan

Einklang mit uns selbst erreichen

Beruf und menschliche Beziehungen im Einklang mit der inneren Entwicklung, dem Körper und der Natur? Ist das nicht zu viel verlangt? Einklang können wir auf Dauer nur mit uns selbst erreichen. Um bei dem Labyrinth zu bleiben: Wenn wir die Mitte erreicht haben, haben wir erstens den Einklang mit uns selbst erreicht, zweitens den Einklang mit der Welt und drittens haben wir die Voraussetzungen geschaffen, um aus dem Zentrum unserer Mitte handelnd in die Welt zurückzukehren auf den sogenannten Marktplatz, um in der Welt den »Himmel auf Erden« zu schaffen oder vorzufinden. Dies ist das Ziel eines inneren Entwicklungsweges in der Welt.

Wenn wir Einklang erreicht haben, können wir auch mit dem Beruf, der Familie und unserer inneren Entwicklung in Einklang kommen. Das Entstehen von Einklang ist eine lebendige und organische Entwicklung mit unseren Herzens-, Geistes- und Seelenkräften. Dem englischen bzw. französischen Wort für *Mut* »courage« liegt das lateinische Wort »cor« = Herz zugrunde. Im Deutschen klingt das noch im Wort Beherztheit an. Also ist das Entstehen von Einklang zwischen Beruf, Privatleben und innerer Entwicklung ein Weg des Herzens. Diese Entwicklung geschieht aus unserer Sehnsucht nach einer besseren Welt, aus eigener Intuition, dem Glauben an unsere Vollkommenheit, so wie wir sind. Sie beginnt, wenn wir anfangen, die Angst zu überwinden und uns dem Leben jeden Augenblick neu zu stellen. Der Einklang, den ich in der Welt suche, finde ich in meinem Herzen. Wenn ich ihn im Herzen gefunden habe, finde ich ihn auch in der Welt.

UMSETZUNGEN

Die richtigen inneren Bedingungen schaffen für Beruf und Beziehungen

➤ *In diesem Kapitel erwartet Sie:*

Die Entwicklung der inneren Kräfte als Fundament für Beruf und Beziehungen – Sich durch die Berufung führen lassen – Ausruhen

WAS IMMER DU TUN KANNST
ODER WOVON DU TRÄUMST – FANGE ES AN.
IN DER KÜHNHEIT LIEGT GENIE,
MACHT UND MAGIE.
BEGINNE ES JETZT SOFORT.

Johann Wolfgang von Goethe

Die Entwicklung der inneren Kräfte als Fundament für Beruf und Beziehungen

»Man muss sehr ernsthaft sein, wenn man mit dem Chaos, mit der Unsicherheit, mit Krieg und Zerstörung konfrontiert wird, mit einer Gesellschaft, die alle Werte über Bord geworfen hat ...« sagte Jiddu Krishnamurti. Probleme lassen sich nur von einer höheren Ebene aus lösen. Was ist die nächste Ebene für den Beruf und das persönliche Leben? So wie der Sportpsychologe James Loehr zu dem Schluss kommt, dass es bei Leistungssportlern nicht in erster Linie um den Sieg geht, sondern »...ihr Bestes zu geben und dann fortzufahren, die richtigen inneren Bedingungen zu schaffen und darauf zu achten, diese zu erhalten...«, so können wir auch für den Beruf und das Privatleben davon ausgehen, dass die Entwicklung unseres Seelenlebens die Ebene ist, auf der Arbeit notwendig ist. Möglichkeiten, um sich selbst besser kennen zu lernen, habe ich beschrieben: angefangen von »Entwicklungsphasen des menschlichen Lebens« über »Den Lebensbaum mit den Engelkommunionen« bis hin zu »Die sieben freien Künste.« Auf diesen und/oder auf Ihrem speziellen Weg wünsche ich Ihnen alleine oder gemeinsam mit anderen Mut und Vertrauen. Sie sind in guten Händen.

Sich durch die Berufung führen lassen

Ethel Carmelita Guth, Heilpraktikerin und Atemtherapeutin, möchte mit der Frage »Was war das denn überhaupt: Gesundheit?« darauf hinweisen, wie entscheidend es ist, auf die »innere Stimme«, den »Ruf« in uns, auf Intuition zu achten, und sich führen zu lassen, weg von der »Verkopfung«: »Den Menschen überkam ein Ahnen, dass Gesundheit etwas völlig anderes ist als das, was er sich darunter vorgestellt hat. War Gesundung nicht ein Aufblühen aller Geschöpfe zu dem, wie sie von der Schöpfung gemeint waren, und woran sie bis dahin durch widrige äußere und innere Umstände gehindert wurden? Es war völlig unbekanntes Land, das er betrat ... Nun galt es abzuwarten. Es würde ein langer, harter, aber auch beglückender Weg werden.«

Es ist die Rede von einem »völlig unbekannten Land«, von einem »langen, harten aber auch beglückenden Weg«. Es gibt also keine oder nur geringe Sicherheiten, es ist eine Reise ins Unbekannte. Wie müssen und können wir uns darauf vorbereiten? Eine Berufung wird in der Regel nicht von heute auf morgen umgesetzt. Vielleicht dauert dies ein Leben lang. Wenn wir keine großen finanziellen Rücklagen haben, ist die Umsetzung Schritt für Schritt notwendig. Diese schrittweise Umsetzung stellt sicher, dass unser Vorhaben Bestand haben wird. Der lange und harte Weg wird besonders am Anfang von Angst vor dem Misslingen begleitet. Wir können uns diese Ängste und Unsicherheiten ruhig verzeihen. Sie gehören genau wie so manche Prüfung dazu, wenn wir neue Wege gehen. Erst wenn wir ein gutes Stück des Weges hinter uns und genügend Prüfungen bestanden haben, beginnt die Angst zu schwinden und wird durch Vertrauen und Zuversicht abgelöst. Glücksmomente beginnen sich mit der Zeit zu verstärken, wenn die Ahnung, dass wir auf dem richtigen Weg sind, konkrete Resonanz im beruflichen und persönlichen Leben findet.

AUSRUHEN HEISST PASSIV SEIN, PASSIV SEIN HEISST KRAFTRESERVEN HABEN, UND KRAFTRESERVEN BEDEUTEN ORDNUNG. PASSIVITÄT BEDEUTET RUHE, UND WENN RUHE WIEDER ZUR TÄTIGKEIT WIRD, IST JEDE TÄTIGKEIT RICHTIG. RUHE BEDEUTET UNTÄTIGKEIT, UND WENN DER GRUNDSATZ DER UNTÄTIGKEIT VORHERRSCHT, TUT JEDERMANN SEINE PFLICHT. UNTÄTIGKEIT BEDEUTET, MIT SICH SELBST IN FRIEDEN SEIN, UND WENN EINER MIT SICH SELBST IN FRIEDEN IST, KÖNNEN IHM KUMMER UND SORGEN NICHTS ANHABEN, UND ER HAT EIN LANGES LEBEN.

Laotse (II, 134f)

Mut für die Umsetzung gewinnen

➤ *In diesem Kapitel erwartet Sie:*

Wie kann Freude im Beruf und im Leben aufkommen? – Raum schaffen, um Einklang zu erreichen – Mit Ungewissheit umgehen lernen – Veränderung als Chance – Der Durchbruch, die Entschlossenheit

> WENN DAS INNERE VORBEREITET IST,
> GESCHIEHT DAS ÄUSSERE VON SELBST.
>
> Johann Wolfgang von Goethe

Wie kann Freude im Beruf und im Leben aufkommen?

Wie gehe ich mit dem Gefühl um, von Verantwortlichkeiten, Forderungen und Projekten überwältigt zu werden und den Mut zu verlieren? John Harvey, Therapeut am Himalaya-Institut in Honesdale, Pennsylvania, gibt Antworten auf diese Fragen, die ich in Kurzfassung mit Ergänzungen in Klammern hier wiedergebe:

1. Das Gefühl, überwältigt zu sein, setzt sich aus einigen äußeren und vielen inneren Faktoren zusammen: Gedanken, Gefühle und Überzeugungen.
2. Durch ständige Wiederholung dieser Gedanken, Gefühle und Überzeugungen schaffen wir selbst die Wirklichkeit, dass wir überlastet sind. Wir fühlen uns völlig zugedeckt mit Anforderungen.
3. Wenn wir die Situation unvoreingenommen betrachten, kann sie sich wieder auflösen, denn es handelt sich oft um eine selbstgeschaffene Belastung.
4. Wie können wir unvoreingenommen betrachten? Wie können

wir aus einer scheinbar unmöglichen Zukunft in eine mögliche Gegenwart gelangen, in der wir wieder entscheiden und handeln können, in der wir wieder Freude an der Arbeit und am Leben finden?

4a. Wenn wir mit unseren Gedanken und Gefühlen in einer ungewissen Zukunft weilen, macht uns das verspannt. Ins Hier und Jetzt kommen, ohne Anstrengung atmen, die Muskeln entspannen, den Geist beruhigen. Wenn wir uns entspannen, sehen die Dinge leichter aus und unsere Wahrnehmung von Druck beginnt sich zu verändern.

4b. Große Aufgaben in kleinere, handlichere unterteilen. Mit einfachen und leichten Dingen beginnen. Dadurch werden wir wieder handlungsfähig und haben das Gefühl, gestärkt zu sein.

4c. Unsere Gewohnheiten anschauen:
Wie sieht es mit Zaudern, Verschleppen oder Desorganisation bei uns aus? Manche Dinge müssen getan werden, manche können warten, einige erledigen sich von selbst, bei anderen wird uns geholfen.
Laden wir zu viel Verantwortung auf uns? Die Verpflichtungen, die wir eingegangen sind, spiegeln unsere eigene Wahl wider. (Kannst du eine früher gewählte Aufgabe nicht mehr mit Freude ausführen, überprüfe, warum du sie eingegangen bist, ob sie noch deine Pflicht oder Aufgabe ist oder ob du die Arbeit eines anderen verrichtest?)

4d. Wie gehen wir mit unseren Kräften um? Sich selbst nicht so hart antreiben, verletzen und dadurch innerlich ausbrennen. Nie über die eigenen Grenzen gehen. Wir sind selbst unser bester Freund!

4e. Die Gesundheit erhalten mit Ausruhen, Entspannen und richtiger Nahrung für Körper, Geist und Seele. Inseln des Ausruhens über den Tag verteilt können die Landschaft des Lebens verändern, z.B.: eine Minute Stille vor und nach jeder Handlung.

4f. Im Hier und Jetzt sein. Alle Sorgen um die Zukunft und alle Schuldgefühle über die Vergangenheit loslassen und die gegenwärtige Aktivität mit ganzer Aufmerksamkeit tun ... dann kann *Freude* aufkommen.

Raum schaffen, um Einklang zu erreichen

Die Grafik auf der folgenden Seite kann als Vorlage dienen für eine *Bestandsaufnahme* Ihrer Berufs- und Lebenssituation und dem, was Sie erfreut oder belastet.

❏ Sollte es scheinbare oder offensichtliche Widersprüchlichkeiten in Ihrem Leben geben, so können Sie sich diese von der Seele und in diese Grafik schreiben, neben einander stellen und mit Abstand betrachten. Aus der Distanz heraus können sich neue Möglichkeiten ergeben. Vielleicht sehen Sie Zusammenhänge neu oder gegensätzliche Interessen, die sich ergänzen. Wenn Sie sich etwas von der Seele geschrieben haben, was Sie belastet oder was als ungelöste Frage im Raum steht, kann sich etwas Neues entwickeln. Sie können sich immer wieder auf diese Weise frei machen von belastenden Gedanken und Gefühlen, die Sie an Ereignisse oder Personen in der Vergangenheit binden, damit Ihre Kräfte für die Aufgaben des heutigen Tages zur Verfügung stehen.

Der *äußere Kreis* steht für das Berufsleben, der *mittlere* für das persönliche Leben, der *innere* für die innere Entwicklung und der *leere Raum in der Mitte* symbolisiert unsere Mitte, den Einklang.

Raum schaffen, um Einklang zu erreichen

SCHATZKISTE

Erfolge, gelöste
Aufgaben und
Probleme, Ziele ...

VERSTECK

Misserfolge ...
bzw. das, was
nicht mehr so
ist, wie ich es
mir vorstelle ...

BRUNNEN

Verborgene Talente,
Begabungen

GRAB

Ängste, Zweifel,
Schuldgefühle,
Hindernisse

Ziel: Beruf und menschliche Beziehungen im Einklang mit der inneren Entwicklung, dem Körper und der Natur.

Vielleicht wollen Sie zunächst diese Grafik vergrößern oder mehrere Kopien davon anfertigen, damit Sie kontinuierlich Ihre Notizen ergänzen können.

Im *äußeren Kreis*, dem Berufsleben, sind vier Bereiche dargestellt: Die *Schatzkiste* für Ihre Erfolge und Ziele, für das, was Sie geleistet haben, was Sie gerne getan haben, für Ihre Fähigkeiten und Talente. Normalerweise betrachten wir die Entwicklung neuer Berufs- und Lebensperspektiven nur aus diesem Bereich heraus, alles andere bleibt unbeachtet. Wenn wir Vorstellungskraft für etwas Neues entwickeln wollen, benötigen wir jedoch unser ganzes Potential. Dazu gehören auch – wenn sie erfolgreich verarbeitet sind – die Misserfolge und die Erlebnisse, die wir lieber niemandem erzählen. Wir möchten diese Dinge am liebsten in einem *Versteck* zurücklassen, von dem niemand etwas erfährt. Wenn es uns jedoch gelingt, diesen Seiten unseres Lebensweges etwas Positives abzugewinnen, zu würdigen, was wir aus den Misserfolgen gelernt haben, wenn wir lernen, Erfolge und Niederlagen gleichermaßen anzunehmen, wenn wir uns sogar mit unseren Niederlagen und Schwächen versöhnen, dann stehen uns die Energiepotentiale der Schatzkiste und des Verstecks zur Verfügung.

Im Brunnen und im Grab können wir weitere Potentiale und Kräfte mobilisieren. Im *Brunnen* befinden sich unsere geheimen Wünsche, Sehnsüchte, unsere verborgenen Talente (das heißt Talente, die wir verleugnen: »das kann ich nicht«), das, was wir anstreben und noch erreichen wollen, auch wenn wir noch mit niemandem darüber gesprochen haben. Hier finden wir den »Raum«, Dinge aufzuschreiben, die wir für undurchführbar halten, da sie vielleicht nicht den Lebensunterhalt sichern oder bei uns und anderen noch Unsicherheit hervorrufen. Welches Potential liegt darin?

Im *Grab* schließlich haben wir unsere Ängste, Zweifel und Schuldgefühle vergraben. Dinge, Personen und Situationen, denen wir am liebsten aus dem Weg gehen würden. Ziel ist es, diese Dinge so zu sehen, wie sie sind und ihnen ins Auge zu schauen. Wir beginnen dann, sie nicht mehr zu verdrängen, zu bewerten oder gar zu bekämpfen, sondern sie so zu nehmen, wie sie sind. Daraus entsteht Furchtlosigkeit, die unsere Entscheidungsfähigkeit steigert und Zweifel abbaut.

Im *mittleren Kreis* können wir die Situationen eintragen, die unser persönliches Leben besonders prägen. Beziehungen in der Ehe oder Partnerschaft, der Familie, mit Freunden oder Kollegen. Was stärkt uns im Augenblick, was fehlt uns, worunter leiden wir, was wünschen wir uns langfristig?

Der *innere Kreis* ist für den inneren Entwicklungsweg vorgesehen. Wonach sehnt sich unsere Seele? Ist sie verletzt? Wo findet die Seele Nahrung?

Der *Mittelpunkt* ist wie bereits erwähnt für unsere Mitte, den Einklang, die Harmonie, für das Innerste in unserem Herzen vorgesehen. Wann erleben wir Momente oder Phasen von Einssein? Mit wem? Unter welchen Bedingungen?

Die Verbindung der einzelnen Aspekte miteinander und deren gegenseitige Beeinflussung haben wir sicher alle erlebt. Wo befindet sich der zentrale Ansatzpunkt für wesentliche Veränderungen? Wie können wir aus der Vielfalt der Situationen und Möglichkeiten den roten Faden finden, der alles zusammenhält und an dem sich die Teile wie Perlen auf einer Kette aufreihen lassen? Diesen roten Faden können wir finden, wenn wir das, was sich in uns ausdrücken will, in Worte fassen. Wenn wir dann die Worte immer weiter verdichten, bis schließlich nur noch ein oder zwei Worte übrig bleiben, besagen diese, was unsere Berufung oder Lebensaufgabe ist. Dieser Prozess kann Jahre andauern. Es ist dabei äußerst hilfreich, die Gedanken und Gefühle immer wieder mit vertrauten Freunden in Gesprächen auszudrücken oder sich von der Seele zu schreiben. Wir erleben dabei, wie wir die Frage nach der Berufung oder Lebensaufgabe von immer neuen Seiten kennen lernen, angefangen von der Bedeutung, die sie für uns bekommt, bis hin zu den Möglichkeiten der schrittweisen Umsetzung.

Mit Ungewissheit umgehen lernen

Ungewissheit entsteht, wenn Veränderungen – insbesondere ungewollte Veränderungen – eintreten. Das Gewohnte fällt weg,
Ungewohntes kommt auf uns zu. Im Laufe einer Veränderung ist
es natürlich, dass Unsicherheit entsteht. Wir können folgendes
Bild verwenden, um die entstehende Unsicherheit als etwas Normales anzunehmen: Wenn wir mit beiden Beinen auf dem Boden
stehen, im Gewohnten, Alten, haben wir einen festen Stand. Wird
unser Standort unsicher oder wird er wegfallen, stehen wir noch
auf beiden Beinen, aber es beginnt die erste Phase der Unsicherheit.
Wenn wir beginnen, mit dem ersten Bein einen neuen Halt zu
finden, stehen wir vorübergehend nur auf einem Bein. Dies ist die
zweite Phase der Unsicherheit. Wenn wir einen neuen Platz gefunden haben, stehen wir noch im Alten und bereits im Neuen,
dies ist die dritte Phase der Unsicherheit. Wenn das Alte definitiv
entfällt oder das Neue zur Gewissheit wird, ziehen wir das Standbein aus dem Alten ab und setzen es ebenfalls in den neuen Beruf
oder die neue Lebenssituation. Dies ist die vierte Phase der Veränderung, in der Unsicherheit aufkommen kann. Der letzte Schritt
von der Unsicherheit zu einer neuen Sicherheit entsteht mit der
Zeit, indem wir uns das Neue erobern und es uns vertraut machen.
Bei Kindern können wir die ersten Schritte zum Gehenlernen in
diesem Zeitlupentempo nachvollziehen. Für die ersten Schritte
benötigen sie einen festen Halt, später nur noch eine Hand und
mit der Zeit lernen sie von selbst zu gehen. Genauso wie die Kinder
von der anfänglichen Unsicherheit durch ständiges Üben und
Wiederholen gehen lernen, so entsteht aus anfänglicher Unsicherheit in beruflichen Veränderungsprozessen mit der Zeit Routine.
Die Voraussetzungen für das konstruktive Umgehen mit Unsicherheit liegen in drei Bereichen: Im Alten, in dem es gilt, alles
Unerledigte abzuschließen, damit unsere Gedanken, Gefühle und
Kräfte nicht mehr in der Vergangenheit gebunden sind. Zweitens

im Übergang vom Alten in das Neue, der unsere absolute Konzentration erfordert und drittens im Erobern des Neuen. Um Kräfte für den Übergang und die Entstehung neuer Berufs- und Lebensperspektiven zu gewinnen, ist oft eine Versöhnung mit dem Alten notwendig. Dies kann damit zu tun haben, dass wir bestimmten Personen etwas verzeihen müssen. Hierbei ist es hilfreich, das Vergangene zu würdigen: Was war gut an dieser Situation oder Begegnung? Was hat sich daraus ergeben, vielleicht in eine vollkommen neue Richtung, die ich selbst nicht eingeschlagen hätte? Was habe ich daraus gelernt?

Indem ich also schwierige oder schmerzhafte Situationen und Begegnungen auf diese Weise anschaue und im Nachhinein würdige, mache ich mich frei von negativen Emotionen, die mich noch daran binden. Ein sicherer Weg aus der Ungewissheit ist ein behutsames Vorgehen, Schritt für Schritt.

DIE MINUTE, IN DER MAN DAS ZU TUN BEGINNT,
WAS MAN TUN WILL,
IST DER ANFANG EINER WIRKLICH ANDEREN ART DES LEBENS.
Richard Buckminster Fuller

Veränderung als Chance

Jede Krise birgt eine Chance in sich, eine neue berufliche oder persönliche Herausforderung oder die Chance, zurück zum Wesentlichen zu gelangen, sich selbst näher zu kommen. Nur allzu oft wird das Wort »Krise« mit dem Wort »Katastrophe« verwechselt und man ist leicht dazu geneigt, den notwendigen Krisen tunlichst aus dem Weg zu gehen, sie zu vermeiden, anstatt sich ihnen zu stellen. Eine Krise ist jedoch kein schreckliches Unglück, sondern eine Einladung zum Wachsen oder zur Umkehr.

Der Begriff Krise stammt von dem griechischen Wort »Krino« ab, was »sich entscheiden« bedeutet. Es handelt sich somit um eine »Zeit der Entscheidung«. Eine Krise ist ein Wendepunkt, sie ist das, was der Veränderung vorausgeht. Wollte man eine Krise verhindern, so müsste man jeder Veränderung aus dem Wege gehen. Bei entsprechender Aufmerksamkeit können wir zum richtigen Zeitpunkt in der Lage sein, eine Krise in eine günstige Gelegenheit zu verwandeln, nicht jedoch vorher.

Konkrete Hinweise für den konstruktiven Umgang mit einem Wechsel der Arbeitsstelle, des Arbeitsplatzes oder der inneren Einstellung in Richtung auf die eigene Berufung oder Lebensaufgabe finden Sie im Kapitel *CHANCEN: Ihr Selbst-Entwicklungsprogramm für die Berufung und Lebensaufgabe.*

DAS LEBEN TEILT SEINE GABEN VERSCHWENDERISCH AUS,
WIR ABER, DIE WIR DIE GABEN
NACH IHRER ÄUSSEREN HÜLLE BEURTEILEN,
WEISEN SIE ZURÜCK ALS HÄSSLICH, SCHWER ODER ZU HART.
ENTFERNE DIE HÜLLE,
UND DU WIRST DARUNTER DIE HERRLICHKEIT
DES LEBENS FINDEN, GEWOBEN AUS LIEBE, WEISHEIT UND KRAFT.
HEISS SIE WILLKOMMEN, ERGREIFE SIE,
UND DU WIRST DIE HAND DES
ENGELS BERÜHREN, DER SIE DIR ÜBERBRACHTE.
GLAUBE MIR, DASS IN ALLEM, WAS WIR HEIMSUCHUNG,
SORGE ODER PFLICHT NENNEN,
DIE HAND DES ENGELS ZU FINDEN IST.

Fra Giovanni

Der Durchbruch, die Entschlossenheit

Bei der Schaffung von Mut für neue Berufs- und Lebensperspektiven ist die rechte Vorgehensweise mit entscheidend. Wenn wir etwas Neues entwickeln wollen, hält uns das Alte und Gewohnte oft noch gefangen. Die energische Umsetzung neuer Perspektiven bedarf unserer klaren Zielvorstellungen. Es kann ohne weiteres sein, dass wir unser Ziel auf Umwegen erreichen oder mit Hilfe von anderen. Wichtig ist jedoch, dass wir selbst unsere Ziele und die ersten Schritte dorthin verinnerlicht haben. Wenn wir bei der Umsetzung Erfolg haben wollen, können wir an die Jahrtausende alten Weisheiten der Chinesen im *I Ging* anknüpfen:

1. Entschlossenheit muss auf einer Vereinigung von Stärke und Freundlichkeit beruhen.
2. Ein Kompromiss mit dem Schlechten ist nicht möglich; es muss unter allen Umständen offen diskreditiert werden.
3. Der Kampf darf nicht direkt durch Gewalt geführt werden. Wo das Böse gebrandmarkt ist, da sinnt es auf Waffen, und wenn man ihm den Gefallen tut, es Schlag gegen Schlag zu bekämpfen, so zieht man den Kürzeren, weil man dadurch selbst in Hass und Leidenschaft verwickelt wird.
4. Die beste Art, das Böse zu bekämpfen, ist energischer Fortschritt im Guten.

»Das Böse« zu bekämpfen meint in unserem Falle die alten beruflichen oder persönlichen Lebenssituationen. Wenn wir sie bekämpfen, schlecht machen, verurteilen oder negativ bewerten, würden wir nur unsere Gedanken und Gefühle an die Vergangenheit binden. Wenn wir stattdessen eine Bilanz aufstellen, wozu das »Alte« gut war, wozu es Vorbereitung war, sammeln wir die Kräfte für die Entwicklung des »Neuen«. Wenn wir das »Alte« nicht mehr brauchen, so ist dies ein gutes Zeichen für einen Neubeginn. Wenn wir jedoch von unserer jetzigen Stellung abhängig sind oder uns nicht davon lösen können oder wollen, benötigen wir eine solide innere und äußere Vorbereitung, um mit ungewollten Veränderungen konstruktiv umgehen zu können. Wenn wir uns permanent mit der Entwicklung unserer Talente und Fähigkeiten beschäftigen, unsere Lebensaufgabe oder Berufung nicht aus den Augen verlieren und unser Selbstwertgefühl durch die Entwicklung unserer inneren Kräfte stärken, sind wir bestens vorbereitet.

»Energischer Fortschritt im Guten« bedeutet in unserem Falle die Konzentration auf a) unser Ziel, z.B. unsere Lebensaufgabe oder Berufung, b) auf die Bedürfnisse des »Marktes« und c) auf die Schritte, die zur Umsetzung notwendig sind. Dabei dürfen wir den Weg weder zu locker noch zu angespannt angehen. Eine Offenheit für unerwartete Ereignisse und »Zufälle« ist hilfreich. Der Austausch mit Gleichgesinnten oder Förderern auf diesem neuen Weg kann eine Unterstützung sein, doch gibt es auch Phasen, in denen wir gefordert werden, alleine weiterzugehen. In einer Phase der Veränderung, die wir alleine beschreiten, helfen uns unsere inneren Kräfte, das Ziel nicht aus den Augen zu verlieren und nicht zurückzuschauen, auf das, was war. Selten sehen andere Menschen unsere Ziele und die Wege dahin so klar wie wir selbst. Es kann auch sein, dass z.B. Angehörige oder Kollegen ganz andere Interessen haben und dass unser neuer Weg Unsicherheit für sie mit sich bringt. Menschen, die uns nicht verstehen, können uns möglicherweise entmutigen, Zweifel sähen oder unser Vorhaben schlichtweg als utopisch bezeichnen. Wenn wir die Meinungen und Vorschläge anderer jedoch nicht persönlich nehmen, sondern sie als Prüfsteine für unser Vorhaben annehmen, wird die Überwindung dieser Hindernisse uns neue Kraft geben.

W.H. Murray, Mitglied der zweiten Himalaya-Expedition, fasste dies in folgende Worte: »Bis man sich auf etwas ganz eingelassen hat, herrscht Unschlüssigkeit, die Möglichkeit, einen Rückzieher zu machen, auf jeden Fall Stillstand. Im Hinblick auf alles Wirken gibt es eine elementare Wahrheit, deren Nichtbeachtung unzählige

Ideen und großartige Pläne zu Fall bringt: dass in dem Augenblick, wo man sich definitiv auf etwas einlässt, auch die Vorsehung mitwirkt. Alle möglichen Dinge kommen einem zur Hilfe, die sich sonst nie ereignet hätten. Ein ganzer Strom von Geschehnissen nimmt von der Entscheidung seinen Ausgang, der zu unseren Gunsten alle Arten unvorhergesehener Begebenheiten sowie Berührungspunkte und materiellen Beistand erfolgen lässt, wovon niemand sich hätte träumen lassen, dass sie ihm begegnen würden.«

Neue Berufs- und Lebensperspektiven entwickeln

➤ *In diesem Kapitel erwartet Sie:*

Die eigenen Talente und Begabungen entdecken – Was ist meine Lebensaufgabe oder Berufung? – Die Umsetzung innerlich vorbereiten – Vorgehensweise für einen Positionswechsel: Schritte auf dem Weg zur eigenen Berufung – Fragen zur Gründung einer selbständigen Existenz

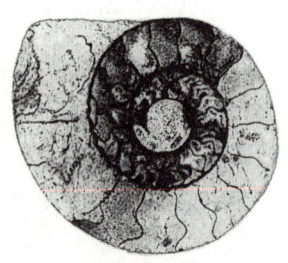

LASS DEINE WÜNSCHE NACH INNEN SINKEN UND WARTE.
ERLAUBE DER ERFÜLLUNG ZU DIR ZU KOMMEN.
WIDERSTEHE SANFT DER VERSUCHUNG,
DEINE TRÄUME BIS IN DIE WELT
HINEIN ZU VERFOLGEN. VERFOLGE SIE IN DEINEM HERZEN,
BIS SIE IM SELBST VERSCHWINDEN, UND LASS SIE DORT RUHEN.
ETWAS SELBSTDISZIPLIN MAG DAZU NÖTIG SEIN,
DESHALB BLEIBE NATÜRLICH,
FREUNDLICH UND SEI IMMER AUSGERUHT.
ACHTE AUF DEINE INNERE GESUNDHEIT UND DEINE LEBENSFREU-
DE. GLÜCKLICHSEIN VERBREITET SICH WIE DER DUFT EINER BLUME
UND
ZIEHT ALLES GUTE AN.
LASS DEINE LIEBE IN DIR SELBST WACHSEN UND
NÄHRE MIT IHR DICH SELBST UND DEINE UMGEBUNG.
ERSCHÖPFE DICH NICHT FÜR DEINEN LEBENSUNTERHALT,
ES REICHT VÖLLIG AUS, RUHIG UND HELLWACH ZU SEIN UND
DEINE BEDÜRFNISSE STILL IM BEWUSSTSEIN ZU HABEN.
SO VERLÄUFT DAS LEBEN NATÜRLICHER UND OHNE MÜHE.
DAS LEBEN IST DA, UM SICH ZU FREUEN.

Maharishi

Die eigenen Talente und Begabungen erkennen

Wenn Ihnen Ihre Talente und Begabungen noch nicht (alle) bewusst sind, können Sie andere Menschen danach fragen, wo diese Ihre Begabungen sehen oder Sie können im Rahmen einer Selbstanalyse den Antworten folgendermaßen näher kommen.

❏ *Was sind meine eigenen Talente und Begabungen?*

Schreiben Sie in kurzen Geschichten die Dinge in Ihrem Leben auf, die Sie in der Kindheit oder als Jugendlicher tun wollten, die Aufgaben, die Ihnen im Leben Freude gemacht haben, beruflich oder privat, die Sie als Erfolge bezeichnen, wo Sie Probleme oder schwierige Aufgaben gelöst haben. An welchen Aufgaben haben Sie mitgearbeitet, und was war Ihnen daran am wichtigsten? Was hat Sie in den letzten Jahren angesprochen? Was glauben Sie, was noch zu tun ist?

Danach analysieren Sie, welche Fähigkeiten, Kenntnisse und Interessen Sie zur Lösung dieser Aufgaben eingesetzt haben. Hieraus ergibt sich ein erstes Profil Ihrer Talente, Fähigkeiten, Interessen und Begabungen. So entsteht die ideale Aufgabe.

Was ist meine Lebensaufgabe oder Berufung?

Unsere Lebensaufgabe oder Berufung begleitet uns durch das ganze Leben. Wenn wir beginnen, uns ihr zuzuwenden, beginnt sie sich Schritt für Schritt zu enthüllen, zu erklären. Es ist dabei hilfreich, Ihren eigenen Weg zu finden, Ihren inneren »Bildern« Ausdruck zu verleihen, in Gesprächen, im geschriebenen Wort, in Gestik, Mimik oder Gestaltung. Ich möchte Ihnen hier einen Weg vorstellen, mit dem Sie über die Kontemplation von Fragen Ihrer Lebensaufgabe oder Berufung einen Schritt näher kommen können. Nehmen Sie sich vielleicht etwas zu schreiben und Papier zu Hand, damit Sie alle Gedanken und Fragen, die hochkommen, gleich festhalten können. Versuchen Sie vorher in einen Zustand der inneren Stille zu gelangen, evtl. mit Hilfe der Ihnen bereits bekannten Übung.

Einführung in die Stille

✳ Ich entspanne den Körper.
✳ Ich sitze aufrecht, im Gleichgewicht
✳ und öffne alle Sinnesorgane für meine Umgebung.
✳ Ich rieche, schmecke, sehe, fühle und höre.
✳ Ich weiß, dass ich hier und jetzt anwesend bin.
✳ Ich lasse alle Gedanken still werden.
✳ Ich lasse alle Sorgen gehen, bis der Geist
✳ still und klar ist wie ein durchsichtiger Wasserspiegel.
✳ Ich komme zur Ruhe in mir selbst.

Schule der Philosophie: Brüssel

Was ist meine Lebensaufgabe oder Berufung?

Stellen Sie sich nun das Bild eines Sees vor, dessen Oberfläche
ganz still ist und der es Ihnen erlaubt, bis auf den Grund
zu schauen, bis auf den Grund Ihres Herzens. Es geht um
die Fragen: Was ist meine Lebensaufgabe oder Berufung?
Warum bin ich hier? Was wünsche ich mir am meisten?
Wenn Sie sich in die nachfolgend beschriebenen Situationen
versetzen, können Sie dem naher kommen, was Ihnen am
Herzen liegt, was Sie gern tun möchten. Lassen Sie sich Zeit
für die Beantwortung der folgenden Fragen:

1. Wenn ich nicht mehr arbeiten müsste, um meinen Lebensunterhalt zu verdienen, was würde ich dann tun? Sicherlich werden zunächst eine Reihe von Tätigkeiten zum Vorschein kommen, die man sich immer schon gewünscht hat. Das ist in Ordnung, aber was würde ich danach aus tiefstem Herzen tun wollen?

2. Wenn ich jetzt eine Million DM erhielte, was würde ich damit tun? Abgesehen von der Tatsache, dass ich meine Rechnungen und eventuellen Schulden bezahle, mir unerfüllte Wünsche erfülle, vielleicht auf Reisen gehe, was würde ich dann am liebsten tun?

3. Wenn ich erfahren würde, dass ich noch sechs Monate zu leben hätte, was würde ich dann tun?

Welche Gedanken und Erinnerungen sind hochgekommen? Was wollten Sie eigentlich immer schon tun? Was liegt Ihnen am Herzen? Gehören die Antworten auf diese Fragen der Vergangenheit an, können Sie sie hinter sich lassen. Oder haben sie noch eine Bedeutung für die Gegenwart oder Zukunft? Wann, wie und mit wem können sie umgesetzt werden?
Lassen Sie die Antworten vielleicht einige Zeit ruhen, bevor Sie sich den weiteren Schritten widmen, die mit dem Beginn der Umsetzung zu tun haben.

Die Umsetzung innerlich vorbereiten

Bei der nächsten Übung geht es darum, sich aus der Begrenzung der persönlichen Sichtweise hinauszubegeben und die ganze Situation wie von einer höheren Warte aus zu betrachten, einschließlich aller möglichen anderen Menschen, Orte und Umstände, also dem »Rahmen«, in dem sich Ihre Lebensaufgabe oder Berufung verwirklichen lässt.

Aus einer höheren Perspektive betrachtet:

1. Was sind meine Talente oder Begabungen? Was ist mein Beitrag? (Was würde ich am liebsten tun? Was kann ich gut?)

2. Was wird gebraucht? Von wem? (Welche Aufgabe steht an? In einem Unternehmen, von Menschen, von der Umwelt ...?)

3. Wo ist mein Platz? (Der Rahmen: Ort, Umgebung, Räumlichkeiten, Personen, mit denen oder für die ich arbeite.)

4. Was ist das »Bindemittel«, die Verbindung, die Brücke zwischen meinen Talenten und Begabungen, der Aufgabe, die ansteht und dem »Rahmen«, in dem sie umgesetzt werden kann? Das »Bindemittel« oder die Brücke können sich ergänzende Interessen und Bedürfnisse sein. Es können Unternehmen oder Organisationen sein, in die ich meine Kenntnisse, Fähigkeiten und Begabungen einbringen kann. Es können Menschen sein, die für ihre Aufgabenstellungen meine Talente benötigen und mit denen ich kooperieren kann.

113

5. Mit wem kann ich über mein Anliegen sprechen, wer hat Verständnis dafür, evtl. gleiche oder ähnliche Interessen? Der Rahmen, in dem Ihre Berufung oder Lebensaufgabe umgesetzt werden kann, ist mit einem lebendigen Organismus von Beziehungen vergleichbar, getragen von gemeinsamer Kommunikation, von Geben und Nehmen. Dieses »Netzwerk« entsteht, wenn Sie beginnen, Ihre Talente anzuwenden, Aufgaben dafür zu suchen, mit anderen darüber zu sprechen, andere daran zu beteiligen, wenn Sie erste Schritte in Richtung Umsetzung tun.

6. Suchen Sie nun für sich ein erstes oder weiteres konkretes Beispiel aus und setzen Sie es um. Erleben Sie, was geschieht, welche Erfahrungen Sie machen. Beschreiben Sie Ihr konkretes nächstes »Übungsprojekt«.

7. Welche Erfahrungen haben Sie mit dem Übungsprojekt gemacht? Welche neuen Erkenntnisse haben Sie gewonnen? Welche neuen Fragen sind aufgetreten?

Es hat sich für mich gezeigt, dass es notwendig ist, sich diese Fragen immer wieder neu zu stellen, sie immer wieder neu an der Realität um mich herum zu orientieren, also an den immer neuen Bedürfnissen des Augenblicks. Ich wünsche Ihnen viel Freude und Mut bei den ersten Schritten der Umsetzung.

Vorgehensweise für einen Positionswechsel: Schritte auf dem Weg zur eigenen Berufung

In Vorbereitung auf das Kapitel auf Seite 121, in dem es um konkrete Schritte für eine Veränderung der inneren Einstellung, um den Wechsel einer Stelle innerhalb einer Organisation oder eines Arbeitsplatzes geht, sollen hier noch einmal Aspekte angedeutet werden, die Wegweiser für die konstruktive Bewältigung eines Positionswechsels sein können. Wesentlich dabei ist weniger die konsequente und systematische Abhandlung der einzelnen Punkte, sondern ein innerer Prozess, der sich in der Bereitschaft äußert, geistesgegenwärtig zu sein, dem, was ist, liebevoll zu begegnen und Raum zu schaffen für Neues – sowohl äußerlich wie innerlich. Dabei kann der Gedanke hilfreich sein, dass im Herbst, wenn die Blätter fallen, die Knospen für den nächsten Frühling bereits angelegt sind. Die welken Blätter der Vergangenheit werden dann zum Humus für das Wachsen der neuen Triebe.

Ausgangssituation:
* Was ist meine persönliche und berufliche Situation?
* Wie kann ich meine innere Einstellung beschreiben?
* Was sind meine jetzigen Bedürfnisse: finanziell, beruflich, persönlich, psychisch?
* Möchte ich etwas verändern? Wenn ja, was strebe ich an?

Einen Lebensweg erkennen und schrittweise umsetzen:
* Wonach verspüre ich eine innere Sehnsucht?
* Was ist meine Lebensaufgabe?
* Wie finde ich zu meiner Berufung?

✳ Was möchte ich in 5 bis 10 Jahren bzw. am Lebensende erreicht haben?
✳ Was kann ich für meine innere Entwicklung tun?
✳ Welche Beziehungen können geheilt werden? Wie?

Wirtschaftlicher Rahmen und Kraftquellen:
✳ In welchem wirtschaftlichen Rahmen bewege ich mich?
✳ Welche inneren und äußeren Kraftquellen stehen mir zur Verfügung?
✳ Was motiviert mich?

Kenntnisse, Fähigkeiten, Talente, Begabungen, Interessen:
✳ Bisheriger Werdegang: Welche besonderen Kenntnisse und Fähigkeiten ergeben sich aus meinem Werdegang (siehe erste Übung in diesem Kapitel)? Sie sind Teil des Fundamentes, auf dem ich aufbauen kann.
✳ Gibt es über die Kenntnisse und Fähigkeiten hinaus, die sich aus meinem Werdegang ergeben, Talente, Begabungen und Interessen (siehe wiederum die erste Übung in diesem Kapitel)?
✳ Welche Talente meide ich?
✳ Wie kann ich meine Talente pflegen, weiterentwickeln und schrittweise mehr einbringen, z.B. durch Aufgabenerweiterung in der jetzigen Position, durch eine frei- oder nebenberufliche Tätigkeit, einen Positionswechsel, die Vorbereitung einer selbständigen Existenz?

Von der jetzigen Aufgabe zur persönlichen Marktlücke/Berufung:
✳ Welche Engpässe, Probleme oder Aufgabenstellungen gibt es in der Abteilung, dem Unternehmen, dem Wirtschaftszweig oder ganz allgemein, die mich beschäftigen?

✳ Wie können meine Talente, Begabungen und Interessen zur Lösung und Bewältigung dieser Aufgabenstellungen beitragen?
✳ Was wird gebraucht?
✳ Wo werde ich gebraucht?
✳ Was kann ich einbringen?
✳ Wie kann ich es einbringen?
✳ Wie kann ich das Angenehme für mich mit dem Nützlichen für die anderen verbinden (frei nach Nasroddin)?

Ideal und Wirklichkeit:
✳ Welche Prioritäten für weitere Entwicklungen ergeben sich?
✳ In welchem Zeitrahmen und in welchen Schritten ist eine Entwicklung meiner Talente wirtschaftlich durchführbar?
✳ Wo brauche ich bei der Entwicklung einer Bewerbungs- oder Existenzgründungsstrategie Unterstützung und Begleitung?

Fragen zur Gründung einer selbständigen Existenz

WENN SICH JEMAND AM BEGINN (EINER UNTERNEHMUNG)
ZU SEHR EILT UND ÜBERTREIBT, DANN HAT ER KEINEN ERFOLG.
MAN MUSS ES GRADWEISE TUN WIE BEIM FRÜHLING,
IM ANFANG ZEIGT ER EIN WENIG WÄRME UND DANN IMMER MEHR.

Maulana Dschelaladdin Rumi

Wenn Sie Ihre Berufung in einer selbständigen Tätigkeit sehen, dann ist die folgende Checkliste am Beispiel für die Gründung einer Praxis für Naturheilverfahren, Gesundheitsberatung oder Yoga hilfreich. Aufgrund von vielen Begegnungen mit Menschen, die sich auf diesem Gebiet selbständig gemacht haben, und aufgrund der eigenen selbständigen Beratertätigkeit gebe ich die nachfolgenden Fragen und Gedanken als Anregungen weiter.

❏ *Konkrete Fragen zur Existenzgründung und -sicherung*

Was sind die Ausgangsvoraussetzungen? Welche Ausbildung wird benötigt? Wie ist die familiäre Situation? Wo sehe ich den Bedarf?

Was ist das jetzige Angebot? Behandlungen oder Beratungen, Vorträge, Unterricht, Seminare? Stimme ich mit den Angeboten innerlich überein? Möchte ich ein Angebot besonders herausheben?

Was ist ein mögliches zukünftiges Angebot?
Ist eine Weiterbildung dafür erforderlich? Weitere Heilverfahren? Veröffentlichungen im Zusammenhang mit den Heilverfahren? Bücher, Heilmittel, Kassetten, Angebote, die sich ergänzen?

Gibt es örtlich oder regional weitere Anbieter?

Mit wem kann ich mich regelmäßig austauschen?

Mit wem will ich kooperieren? Ärzte, Heilpraktiker, Therapeuten, Unternehmensberater, Trainer?

Wer kann mich vertreten?

Wo sind die Patienten/Kunden und Interessenten? Wie viele bestehende Klienten habe ich? Wie kann ich neue Klienten *gewinnen? Welche Kunden haben das Potential von Multiplikatoren: Organisationen, Firmen, Vereine, Verbände?*

Wie werbe ich?
* In welchem »Rahmen« (größere Organisation, Verein)?
* Wie gestalte ich einen Prospekt?
* Nehme ich an einem Gemeinschaftsangebot in einem größeren Kreis oder Zentrum teil?
* Gebe ich Anzeigen auf? Wenn ja in welchen Zeitschriften?
* Gibt es Adressenlisten von Interessenten?
* Wo können Prospekte ausgelegt werden, wo Plakate aushängen?

Kapital: Welches Kapital steht mir zur Verfügung bzw. brauche ich? Kann ich Fördermittel für die Existenzgründung bzw. private zinslose oder zinsgünstige Überbrückungsdarlehen erhalten?

Wie sieht ein Finanz- und Zeitplan für die ersten Jahre aus? Einnahmen? Kosten? Liquiditätsplanung? Geschätzter Zeitaufwand?

Wie lange dauert der Aufbau der selbständigen Existenz bis sie sich finanziell trägt? (Gibt es vergleichbare Situationen?)

Finanzielle und zeitliche Erwägungen:
a) Welche finanziellen Verpflichtungen und damit welche wirtschaftlichen Erfordernisse sind für den Lebensunterhalt, für die Existenzsicherung und -erhaltung notwendig?
b) Besteht eine (vorübergehende) finanzielle Absicherung durch eine Ehe oder Partnerschaft oder durch eine weitere nebenberufliche Tätigkeit?

c) Welche persönlichen, beruflichen und familiären Verpflichtungen bestehen gegenüber Eltern, Kindern, Verwandten, dem Partner? Das heißt, wie viel Zeit steht für den Aufbau der Selbständigkeit jetzt und später zur Verfügung?

d) Wie viel Zeit erfordert die Selbständigkeit für Beratungen, Behandlungen, Seminare, die eigene Weiterbildung und für betriebswirtschaftliche Angelegenheiten?

e) Wer kann mir Aufgaben im privaten und geschäftlichen Bereich zur Optimierung meiner verfügbaren Zeit abnehmen, damit ich mich auf das Wesentliche konzentrieren kann? (Beispiele: Haushalt, Buchführung, Schreibarbeit.)

Welche Arbeits- und Betriebsmittel benötige ich?
* Räumlichkeiten und Einrichtung
* Telefon, Fax, Anrufbeantworter
* Briefpapier, Prospekte, Seminarangebote

Kann ich die Erst-Investitionen für solche Arbeits- und Betriebsmittel sowie für Räume in der ersten Zeit durch Mitbenutzung, Kooperation oder eine Praxisgemeinschaft minimieren?

Preisgestaltung: Welche Preise gelten für meine Angebote bzw. für die Angebote von meinen Berufskollegen, auch im Rahmen von Bildungseinrichtungen oder gemeinnützigen Organisationen?

(Hinweis: Das Bundeswirtschaftsministerium bietet die kostenlose Broschüre *Starthilfe* für den erfolgreichen Weg in die Selbständigkeit an. Die Berufsverbände, Handwerkskammern, Industrie- und Handelskammern sowie freie Berater bieten allgemeine oder berufsgruppenspezifische Existenzgründungsberatungen an. Diese Beratungen werden teilweise finanziell unterstützt.)

CHANCEN:
Ihr Selbst-Entwicklungsprogramm
für die Berufung und Lebensaufgabe

WAS VOR UNS LIEGT UND WAS HINTER UNS LIEGT,
SIND KLEINIGKEITEN IM VERGLEICH ZU DEM,
WAS IN UNS LIEGT.
UND WENN WIR DAS, WAS IN UNS LIEGT
NACH AUSSEN IN DIE WELT TRAGEN,
GESCHEHEN WUNDER.

Henry David Thoreau

CHANCEN ist ein Selbst-Entwicklungsprogramm. Es kann Ihnen in Phasen der Neuorientierung auf dem Berufs- oder Lebensweg Hinweise für die Vorbereitung und Umsetzung von Schritten auf dem Weg zur eigenen Berufung oder Lebensaufgabe geben.
Eine Phase der Neuorientierung kann einen Wechsel der inneren Einstellung einer bisherigen Situation gegenüber zur Folge haben, einen Wechsel der Aufgabenstellung oder der Stelle innerhalb einer Organisation und den Wechsel des Arbeitsplatzes oder Berufes. In allen Fällen ist der bewusste Umgang mit dem Veränderungsprozess eine wesentliche Vorbereitung und Geburtshilfe für das Neue. Hier nun eine Übersicht von CHANCEN in Kurzform:

Estens: Ich *vertraue*.

✳ Ich weiß, dass bei Veränderungen Unsicherheit entsteht. Das Alte geht zu Ende, das Neue ist erst im Werden. Angst, negative Gefühle, Selbstkritik und Schuldzuweisungen sind natürliche Begleiter, die sich in solchen Phasen bemerkbar machen können. Ich lasse mich dadurch nicht aus der Ruhe bringen. Ich lerne, die Begleiterscheinungen nicht zu bekämpfen, sondern nehme sie als › Geburtshelfer des Neuen‹ an.

✳ *Ich nehme mir einen Arbeitsplatzverlust nicht zu Herzen,* dadurch bin ich innerlich gefestigt, ruhig und ausgeglichen. »Gewinn und Verlust sind untergeordnete Dinge«, heißt es im chinesischen Weisheitsbuch *I Ging.*

✳ *Ich schaffe für mich die richtigen inneren Bedingungen:* Ich sorge dafür, dass ich ausgeruht, erholt und bei guter Laune bin.

✳ *Ich gebe mein Bestes.*

✳ Dabei lerne und wachse ich an mir, an den anderen und an der Situation.

✳ Ab diesem Punkt schreibe ich alles auf. Damit unterstütze ich die Umsetzung und behalte eine klare Übersicht.

Zweitens: Ich sehe CHANCEN.

✳ *Ich kann eine negative Situation beenden.*
Ich finde einen Weg, die jetzige Situation als Lernerfahrung, als Wachstumsprozess, als schwierige Phase oder als Misserfolg zu würdigen und vermeide damit, dass ich meine Kräfte unnötig verausgabe. Ich bewahre mein inneres Gleichgewicht, mein Selbstvertrauen wächst.

✳ *Ich kann eine neue positive Situation finden.*
Was könnte positiv sein oder werden: Einen Schritt in Richtung auf meine Berufung oder Lebensaufgabe tun; eine neue Tätigkeit entspricht eher meinen Fähigkeiten und Interessen; das Vorgesetz-

tenverhältnis; das Einkommen; die Nähe zum Wohnort; die Arbeitszeit; das Arbeitsklima.

Drittens: Ich beschreibe mein *Ziel*.

* Die Essenz meiner Berufung und Lebensaufgabe ist, was ich gut und gerne tue. Sie baut auf den bisherigen Tätigkeiten auf, richtet sich aus an meinen Interessen und an den Visionen einer Aufgabe, die ich sehe.
* Auf die Berufung kann ich mich nur vorbereiten, ich kann sie nicht durch Leistung erarbeiten. Sie kommt auf mich zu und wird mir zum richtigen Zeitpunkt gegeben. Dies erfordert Geduld und Vertrauen. Beides wächst in mir.
* Ich schreibe auf, was ich will, wie ich mein Ziel erreichen will und evtl. mit wem (das Naheliegende als erstes).

Viertens: Ich finde *Alternativen*.

* Ich finde Alternativen, indem ich mein persönliches Netzwerk informiere (Bekannte, Freunde, Kollegen), das Stelleninformationssystem (SIS) beim Arbeitsamt einsehe, mich beim Arbeitsamt als arbeitssuchend melde, mich bei einer Zeitarbeitsfirma anstellen lasse und/oder bei einer privaten Arbeitsvermittlung registrieren lasse, Kurzbewerbungen gezielt versende, eine Kleinanzeige aufgebe, Stellenangebote studiere ...
* Meine Bewerbungs- oder Existenzgründungsstrategie liegt nun vor (wird jeweils individuell erarbeitet). Ich weiß, was ich brauche, was ich kann, was ich will. Ich halte nun Ausschau nach den Möglichkeiten oder schaffe sie.
* Jetzt lege ich die Prioritäten für meine weitere Vorgehensweise fest.

Fünftens: Ich schaffe den *Freiraum*.

Um verschiedenen Alternativen in Ruhe nachzugehen, schaffe ich den zeitlichen Freiraum (Urlaub, Freistellung ...).

Sechstens: Ich finde *Unterstützung* und *Begleitung*.

✳ Ich hole mir Rat und Unterstützung bei Personen meines Vertrauens, bei Gleichgesinnten, Freunden, dem Partner, der Familie, Kollegen, Beratern, dem Betriebsrat ... Ich hole mir fachlichen Rat, wenn ich mit meinem Latein am Ende bin und auch seelische und moralische Begleitung, wann immer ich sie brauche.

Siebtens: Ich schaffe die richtigen *inneren Bedingungen*.

✳ Einen Schritt in Richtung auf die Berufung oder Lebensaufgabe tun, braucht mitunter mehrere Monate. Wenn möglich, bleibe ich in einem bestehenden Arbeitsverhältnis so lange, bis sich eine neue konkrete Chance ergeben hat.

✳ Ich tue mir Gutes: Ausruhen, Entspannen, frische Luft, Spaziergänge, ein gutes Buch, Musik, Zitate, Gebete ...

Achtens: Ich beginne mit der *Umsetzung*.

✳ Bei der Umsetzung gibt es neue Impulse, Erfahrungen, Erfolgserlebnisse und Enttäuschungen. Es gibt auch Zeiten, in denen ich alles alleine im Herzen verarbeite und mir damit innerlich Raum gebe für Neues, auch für Unvorhergesehenes.

Anmerkung: Das ausführliche Selbst-Entwicklungsprogramm CHANCEN enthält Hilfsmittel, Übungen, Checklisten, Hinweise und individuelle Hilfen zur Selbsthilfe, die über diesen Beitrag hinausgehen. Es wird vom Autor im Rahmen von Einzelgesprächen und Seminaren vorgestellt. Ihre persönliche Berufs- und Lebenssituation dient dabei als Ausgangspunkt für die weitere Entwicklung.

AUSKLANG

Das Wichtigste, das ich in den letzten 25 Jahren erlebt habe, ist, das Menschen sich entwickeln, wenn sie so angenommen werden, wie sie sind. Dann kann ihre Berufung oder Lebensaufgabe zur Entfaltung kommen.
Das letzte Wort möchte ich gerne einem anderen überlassen. Seine Worte beeindruckten und überzeugten mich zutiefst. Sie umzusetzen ist Teil meiner Lebensaufgabe geworden.

WENN ICH MENSCHEN NICHT DAZWISCHENFAHRE
PASSEN SIE AUF SICH SELBST AUF.
WENN ICH MENSCHEN NICHT BEFEHLE,
VERHALTEN SIE SICH VON SELBST RICHTIG.
WENN ICH MENSCHEN NICHT PREDIGE,
WERDEN SIE VON SELBST BESSER.
WENN ICH MICH MENSCHEN NICHT AUFDRÄNGE,
WERDEN SIE SIE SELBST.

Laotse

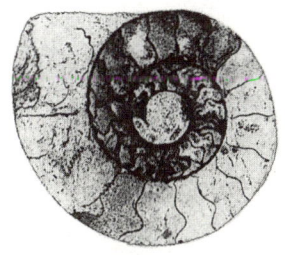

LITERATUR

Bach, Richard: *Die Möwe Jonathan*, Frankfurt, Berlin 1987 (Ullstein Verlag)

Behrendt, Joachim E.: *Ich höre, also bin ich. Hör-Übungen – Hör-Gedanken*, München 1993 (Goldmann Verlag)

Bennet, J.G.: *Harmonische Entwicklung - Die sieben Aspekte der Arbeit*, Salzhausen/Lüneburger Heide 1982

Bennet, J.G.: *Die Meister der Weisheit*, Freiburg 1979

Bennet, J.G.: *Transformation oder die Kunst sich zu wandeln*, Soyen 1978

Bhagavadgita. Aus dem Sanskrit von Sri Aurobindo, Freiburg, Basel, Wien 1992 (Herder Spektrum)

Bolles, R.N.: *What color is your parachute?* Berkeley, California 1989

Faruqi, I.H.: *Sufismus und Bakti. Maulana Rumi und Sri Ramakrishna*, Gladenbach 1989 (Hinder & Deelmann)

Frensch, M.: *Wie öffnet sich das Große Portal? III. Regeln der Gemeinschaftsbildung* aus NOVALIS Nr. 4/5 1993

Harvey, John: *Hilf dir selbst*, aus DAWN 8/1, Honesdale, PA, USA 1988

Hay, Louise L.: *Heile Deinen Körper. Seelisch-geistige Gründe für körperliche Krankheit*, Freiburg i. Br. Erweiterte Neuausgabe 1989 (Lüchow Verlag)

Heider, John: *TAO der Führung. Laotses Tao Te King für eine neue Zeit*, München 1995, 4. Aufl. (H. Hugendubel Verlag)

Inayat Khan, Hazrat: *Vom Glück der Harmonie*, Heilbronn 1995, 5. Aufl. (Heilbronn Verlag Karima Sen Gupta)

Krishnamurti, J.: *Vertrauen zum Leben*, München 1954

Laotse: *Tao Te King*, Zürich 1995, 10. Aufl. (Manesse Verlag)

Lievegoed, Bernardus C.: *Lebenskrisen - Lebenschancen. Die Entwicklung des Menschen zwischen Kindheit und Alter.* München 1992, 10. Aufl. (Kösel-Verlag)

Martin, Bruno: *Handbuch der spirituellen Wege. Eine Entdeckungsreise.* München 1993 (H. Hugendubel Verlag)

Nordmeyer, B.: *Mitten hindurch*, Stuttgart 1974

O'Neil, Georg und Gisela: *Der Lebenslauf. Leben in der eigenen Biographie.* Hrsg. und mit einem Text von Florin Lowndes. Stuttgart 1995, 2. Aufl. (Verlag Freies Geistesleben)

Ouspensky, Peter D.: *Der vierte Weg*, München 1991, 2. Aufl. (H. Hugendubel Verlag)

Querido, René: *Vision und Morgenruf in Chartres*, Schaffhausen 1989 (Novalis Verlag)

Sankaracharya: *Palladium der Weisheit*, Calw/Württ. o.J.

Scholtz-Wiesner, Murshida R. von: *Einheit im Geiste.* 3 Bände, St. Goar 1977 (Reichl Verlag)

Shree Purohit Swami & W.B. Yeats: *The Ten Principal Upanishads*, Whitstable, Kent, England 1975

Siethoff, ten, Hellmuth J.: *Entwicklungsphasen des menschlichen Lebens,* Bern 1978

Steiner, Rudolf: *Das Johannes-Evangelium. Zwölf Vorträge,* Hamburg 1908, Dornach (Schweiz) 1990 (Rudolf Steiner Verlag)

Székely, E. Bordeaux: *Die Lehren der Essener,* Südergellersen 1991 (Bruno Martin Verlag)

Székely, E. Bordeaux: *Die verlorenen Schriftrollen der Essener,* Buch 3 aus der Gesamtausgabe, Südergellersen 1994

Tamaro, Susanna: *Geh, wohin dein Herz dich trägt.* Zürich 1995 (Diogenes Verlag)

Trine, Ralph F.: *Die Stimme der Seele*, Freiburg 1976 (Hyperion-Verlag)

Weinreb, F.: *Betrachtungen über den Sinn des Unternehmens*

Wilhelm, Richard: *I Ging.* Hrsg., erl. u. aus dem Chin. von Richard Wilhelm, München 1995, 22. Aufl. (Eugen Diederichs Verlag)

Yesudian, Selvarajan: *Steh auf und sei frei. Gedanken und Gespräche über Yoga.* Hammelburg 1989, 2. Aufl. (Drei Eichen Verlag Manuel Kissener)

Zürn, Peter: *ZEN in der Kunst, sich selbst und andere zu führen. Zitate und Aphorismen.* Königstein 1993, 3. unveränderte Aufl. (Königsteiner Wirtschaftsverlag)

DER AUTOR

Hajo Noll, geboren 1945, Industriekaufmann, 19 Jahre internationale Managementerfahrung in der EDV-Branche, davon 11 Jahre Auslandsaufenthalte in Belgien und den USA. Seit 1989 Aufbau einer *Beratungspraxis für Berufungs- und Lebensberatung* und Unternehmensberater für Personalentwicklung, insbesondere für den Mittelstand tätig. Er widmet sich persönlich besonders der universellen Seite östlicher und westlicher Philosophien, der Kalligraphie und der Natur. In Kooperation mit Bildungseinrichtungen und verschiedenen Partnern bietet er folgende Seminare und Beratungen an: *Ihr innerer Weg(weiser) für neue Berufs- und Lebensperspektiven, Der Weg der Seele, die geistigen und seelischen Grundlagen für Beruf und Beziehungen entwickeln* und *CHANCEN: Ein Selbst-Entwicklungsprogramm für die Berufung und Lebensaufgabe.*

Nähere Informationen über Vorträge und Seminare des Autors erhalten Sie bei:

Hajo Noll & Partner
Unternehmensberatung für Personalentwicklung
CONVENT für Berufungs- und Lebensberatung
Bergstraße 2-4, 65549 Limburg
Telefon: (064 31) 257 82